TRINDADE

Dados Internacionais de Catalogação na Publicação (CIP)
(Câmara Brasileira do Livro, SP, Brasil)

Reinert, João Fernandes
   Trindade : mistério de relação / João Fernandes Reinert. –
Petrópolis, RJ : Vozes, 2021. (Coleção Iniciação à Teologia)

   ISBN 978-65-5713-025-4

   1. Cristianismo 2. Espírito Santo 3. Revelação – Cristianismo
4. Santíssima Trindade 5. Teologia da libertação 6. Trindade
7. Vida cristã I. Título. II. Série.

20-49276   CDD-231.044

Índices para catálogo sistemático:
1. Santíssima Trindade : Teologia dogmática   231.044

Maria Alice Ferreira – Bibliotecária – CRB-8/7964

JOÃO FERNANDES REINERT

TRINDADE
MISTÉRIO DE RELAÇÃO

EDITORA VOZES

Petrópolis

© 2021, Editora Vozes Ltda.
Rua Frei Luís, 100
25689-900 Petrópolis, RJ
www.vozes.com.br
Brasil

Todos os direitos reservados. Nenhuma parte desta obra poderá ser reproduzida ou transmitida por qualquer forma e/ou quaisquer meios (eletrônico ou mecânico, incluindo fotocópia e gravação) ou arquivada em qualquer sistema ou banco de dados sem permissão escrita da editora.

CONSELHO EDITORIAL

Diretor
Gilberto Gonçalves Garcia

Editores
Aline dos Santos Carneiro
Edrian Josué Pasini
Marilac Loraine Oleniki
Welder Lancieri Marchini

Conselheiros
Francisco Morás
Ludovico Garmus
Teobaldo Heidemann
Volney J. Berkenbrock

Secretário executivo
João Batista Kreuch

Editoração: Fernando Sergio Olivetti da Rocha
Diagramação: Sheilandre Desenv. Gráfico
Revisão gráfica: Nilton Braz da Rocha
Capa: Editora Vozes

ISBN 978-65-571-3025-4

Editado conforme o novo acordo ortográfico.

Este livro foi composto e impresso pela Editora Vozes Ltda.

Sumário

Apresentação à segunda edição da Coleção Iniciação à Teologia, 7

Prefácio, 11

Introdução, 13

Parte I, 17

1 A Trindade e o cristianismo, 19

2 A revelação da Trindade na vida e na missão de Jesus, 30

3 Quem é o Espírito Santo?, 54

4 A revelação da Trindade na paixão de Jesus, 70

5 A revelação da Trindade na ressurreição de Jesus, 90

Parte II, 103

6 Da Trindade revelada ao mistério do Deus em Si, 105

7 A kênosis da Trindade: o mistério do autoesvaziamento trinitário, 113

8 O processo de construção dos dogmas trinitários, 137

9 A reflexão cristológico-trinitária de Niceia a Constantinopla, 152

10 Do pós-Constantinopla aos pensadores medievais, 170

11 Os concílios medievais e a contribuição dos teólogos desse período, 181

12 O mistério da unidade e da diversidade em Deus, 193

Conclusão, 223

Referências, 227

Índice, 231

Apresentação à segunda edição da Coleção Iniciação à Teologia

Uma coleção de teologia, escrita por autores brasileiros, leva-nos a pensar a função do teólogo no seio da Igreja. Tal função só pode ser entendida como atitude daquele que busca entender a fé que professa, e, por isso, faz teologia. Esse teólogo assume, então, a postura de produzir um pensamento sobre determinados temas, estabelecendo um diálogo entre a realidade vivida e a teologia pensada ao longo da história, e se caracteriza por articular os temas relativos à fé e à vivência cristã a partir de seu contexto. Exemplos claros desse diálogo, com situações concretas, são Agostinho ou Tomás de Aquino, que posteriormente tiveram muitas de suas teorias incorporadas à doutrina cristã-católica, mas que a princípio buscaram estabelecer um diálogo entre a fé e aquele determinado contexto histórico. Como conceber um teólogo que se limita a reproduzir as doutrinas pensadas ao longo da história? Longe de ser alguém arbitrário ou que assuma uma posição de déspota, o teólogo é aquele que dialoga com o mundo e com a tradição. Formando a tríade teólogo-tradição-mundo, encontramos um equilíbrio saudável que faz com que o teólogo ofereça subsídios para a fé cristã, ao mesmo tempo que é fruto do contexto eclesial em que vive.

Outra característica que o acompanha é a de ser filho da comunidade eclesial, e, como tal, deve fazer de seu ofício um serviço aos cristãos. Se consideramos que esses cristãos estão inseridos em realidades concretas, cada teólogo é desafiado a oferecer pistas, respostas ou perspectivas teológicas que auxiliem na construção da identidade cristã que nunca está fora de seu contexto, mas acontece justamente na relação dialógica com ele. Se o contexto é sempre novo, também a teologia se renova. Por isso o teólogo olha novos horizontes e desbrava novos caminhos a partir da experiência da fé.

O período do Concílio Vaticano II (1962-1965) consagrou novos ares à teologia europeia, influenciada pela *Nouvelle Théologie*, pelos movimentos bíblicos e litúrgicos, dentre outros. A teologia, em contexto de modernidade, apresentou sua contribuição aos processos conciliares, sobretudo na perspectiva do diálogo que ela própria estabelece com a modernidade, realidade latente no contexto europeu. A primavera teológica, marcada por expressiva produção intelectual e pelo contato com as várias dimensões humanas, sociais e eclesiais, também chega à América Latina. As conferências de Medellín (1968) e Puebla (1979) trazem a ressonância de vários teólogos latino-americanos que, diferente da teologia europeia, já não dialogam com a modernidade, mas com suas consequências, vistas principalmente no contexto socioeconômico. Desse diálogo surge a Teologia da Libertação e sua expressiva produção editorial. A Editora Vozes, nesse período, foi um canal privilegiado de publicações, e produziu a coleção *Teologia & Libertação* que reuniu grandes nomes na perspectiva da teologia com a realidade eclesial latino-americana. Também nesse período houve uma reformulação conceitual na *REB* (Revista Eclesiástica Brasileira), organizada pelo ITF (Instituto Teológico Franciscano), sendo impressa e distribuída pela Editora Vozes. Ela deixou de ser canal de formação eclesiástica para se tornar um meio de veiculação da produção teológica brasileira.

Embora muitos teólogos continuassem produzindo, nas décadas do final do século XX e início do XXI, o pensamento teológico deixou de ter a efervescência do pós-concílio. Vivemos um momento antitético da primavera conciliar, denominado por muitos teólogos como inverno teológico. Assumiu-se a teologia da repetição doutrinária como padrão teológico e os manuais históricos – muito úteis e necessários para a construção de um substrato teológico – que passaram a dominar o espaço editorial. Essa foi a expressão de uma geração de teólogos que assumiu a postura de não mais produzir teologia, mas a de reafirmar aspectos doutrinários da Igreja. O papado de Francisco marcou o início de um novo momento, chancelando a produção de teólogos como Pagola, Castillo, e em contexto latino-americano, Gustavo Gutiérrez. A teologia voltou a ser espaço de produção e muitos teólogos passaram a se sentir mais responsáveis por oferecerem ao público leitor um material consonante com esse momento.

Em 2004, o ITF, administrado pelos franciscanos da Província da Imaculada, outrora responsável pela coleção *Teologia & Libertação* e ainda responsável pela *REB*, organizou a coleção *Iniciação à Teologia*. O Brasil vivia a efervescência dos cursos de teologia para leigos, e a coleção tinha o objetivo de oferecer a esse perfil de leitor uma série de manuais que exploravam o que havia de basilar em cada área da teologia. A perspectiva era oferecer um substrato teológico aos leigos que buscavam o entendimento da fé. Agora, em 2019, passamos por uma reformulação dessa coleção. Além de visarmos um diálogo com os alunos de graduação em teologia, queremos que a coleção seja espaço para a produção teológica nacional. Teólogos renomados, que têm seus nomes marcados na história da teologia brasileira, dividem o espaço com a nova geração de teólogos, que também já mostraram sua capacidade intelectual e acadêmica. Todos eles têm em comum a característica de sintetizarem em seus manuais a produção teológica que é fruto do trabalho.

A coleção *Iniciação à Teologia*, em sua nova reformulação, conta com volumes que tratam das Escrituras, da Teologia Sistemática, Teologia Histórica e Teologia Prática. Os volumes que estavam presentes na primeira edição serão reeditados; alguns com reformulações trazidas por seus autores. Os títulos escritos por Alberto Beckhäuser e Antônio Moser, renomados autores em suas respectivas áreas, serão reeditados segundo os originais, visto que o conteúdo continua relevante. Novos títulos serão publicados à medida que forem finalizados. O objetivo é oferecermos manuais às disciplinas teológicas, escritos por autores nacionais. Essa parceria da Editora Vozes com os teólogos brasileiros é expressão dos novos tempos da teologia, que busca trazer o espírito primaveril para o ambiente de produção teológica, e, consequentemente, oferecermos um material de qualidade para que estudantes de teologia, bem como teólogos e teólogas, busquem aporte para seu trabalho cotidiano.

Welder Lancieri Marchini
Editor teológico, Vozes
Coordenador da coleção

Francisco Morás
Professor do ITF
Coordenador da coleção

Prefácio

O cristianismo é trinitário. E explicar a Trindade se torna uma tarefa tão onerosa à teologia que é comum que façamos uso de metáforas, alegorias e analogias, assim como fizeram muitos teólogos e pensadores renomados. Agostinho pode ser mencionado como um deles ao tratar da conhecida metáfora da impossibilidade de colocar a água do oceano no buraco feito na areia da praia. Também o diálogo com a filosofia e com seus conceitos sempre se mostrou um caminho para o entendimento do Deus Trino.

Muitas são as teorias e teologias sobre a Trindade, e retornar a Jesus e aos evangelhos se mostrou a melhor forma de estabelecer um critério de leitura da Trindade. Isso porque a vida de Jesus é expressão máxima do mistério trinitário. Valorizar a experiência trinitária é assumir a concepção de um Deus relacional, que se comunica com a criação participando da história da salvação, culminando em Jesus, o Deus-encarnado como experiência plena do amor. Jesus revela a Trindade, e isso fica evidente não apenas em textos bíblicos icônicos, como o do seu batismo (Mt 3,14; Mc 1,11; Lc 3,22; Jo 1,32), mas em toda a vida pública de Jesus, onde Ele comunica um Deus que participa da história da humanidade.

A obra de João Reinert, teólogo que em suas pesquisas estabelece um frutuoso diálogo entre a teologia sistemática e a teologia pastoral, transpassa sua obra por elementos e reflexões que apontam para a eclesialidade da teologia ou mesmo para sua dimensão vivencial, mostrando que é viável e eficiente, no que se refere à teologia sobre a Trindade, estabelecer um diálogo entre a o saber sistemático e a vivência eclesial e a espiritualidade cristã.

A Trindade torna-se parâmetro para a vivência eclesial à medida que oferece o modelo de uma Igreja que comunica a ação de Deus. O Deus Trino é o Deus que se comunica com a criação, o Deus que se dá a conhecer e participa da história da humanidade.

A Trindade também se torna parâmetro da espiritualidade à medida que nos aponta para uma vivência embasada na ação salvífica de Jesus. Sendo mistério, a Trindade não se limita a um conteúdo inalcançável à racionalidade humana, mas nos convida a vivenciá-la e experimentá-la. A mística pode ser entendida como abertura ao mistério, de modo a possibilitar que Deus se torne presença na vida daquele que se abre a Ele. A mística trinitária possibilita uma vivência trinitária. O Deus Trindade que se faz presente nas Escrituras e na liturgia se torna também presença no próprio ser do cristão. Esperamos que esta obra, que traz a teologia/teoria trinitária, também seja caminho para uma vivência cristã trina.

Welder Lancieri Marchini
Editor teológico, Vozes
Coordenador da coleção

Francisco Morás
Professor do ITF
Coordenador da coleção

Introdução

Aventurar-se na reflexão sobre o mistério do Deus Trindade nunca consistiu tarefa fácil para a teologia. Mesmo ciente da complexidade e da ousadia em fazê-lo, ela não pode esquivar-se de, em cada tempo e lugar, continuar a missão iniciada nos primeiros séculos do cristianismo de dar razões de nossa esperança, aprofundar o núcleo central da fé cristã. É nesse quadro que se situa o presente livro, estruturado em 12 capítulos, os quais se propõem a discorrer sobre os principais aspectos da realidade do Deus Uno e Trino e suas implicações para a convivência eclesial, humana, social e ecológica.

Por mais que a teologia se esforce na tarefa de teologizar sobre o Deus Uno e Trino, todo conhecimento do mistério não é, em primeiro lugar, fruto do esforço intelectual humano, mas se deve à gratuidade divina que se revela, à iniciativa de Deus em se fazer próximo do ser humano e lhe revelar seu ser. Em Jesus Cristo a Trindade se aproximou definitivamente do ser humano e lhe revelou ser Pai, Filho e Espírito Santo.

Na primeira parte da obra será abordada a revelação de Deus Trindade na Pessoa de Jesus Cristo, o Verbo feito humano. Nele emergiu o rosto trino de Deus. A unidade de Deus, a existência de um só Senhor no céu e na terra é plural, se dá na mais profunda comunhão entre o Pai, o Filho e o Espírito Santo. É o Filho encarnado, Jesus Cristo, por sua vida, palavras e ações, que nos introduz no mistério das relações trinitárias. Por Ele sabemos que Deus é

Pai e eternamente tem um Filho, e que no Espírito Santo os Dois constituem uma perfeita comunidade divina.

Toda a vida de Jesus é manifestação da Santíssima Trindade, mas o mistério pascal adquire densidade única no processo revelatório de Deus, comunhão de Pessoas divinas. Jesus não foi para a cruz sozinho, nela estão o Pai e o Espírito, sofrendo a dor do Filho, e sustentando-o no amor comunhão. No processo da salvífica revelação da Trindade na história da humanidade os acontecimentos da paixão e morte de Jesus são centrais, lugares a partir dos quais os Três divinos manifestam todo seu amor à humanidade. A história trinitária não terminou na Sexta-feira Santa. No domingo de madrugada daquele primeiro dia surge outro capítulo da revelação divina, prenhe de sentido e de esperança. O crucificado foi ressuscitado pelo Pai na força do Espírito. A ressurreição é igualmente história do Pai, do Filho e do Espírito Santo. O evento pascal é evento trinitário, nele o Pai diz seu sim ao Filho e a todos os crucificados da história.

Na segunda parte do livro será dado um salto teológico. Da revelação da Trindade que eclodiu em Jesus Cristo, imagem visível do Deus invisível (Cl 1,15), se passará à ousada tarefa de sondar a eterna vida íntima da Trindade, independentemente de sua revelação na história, ou seja, aqueles elementos internos constitutivos da unidade e da comunhão dos divinos Três. Esse salto a teologia chama de passagem da "Trindade econômica" à "Trindade imanente", ou ainda, do "Deus para nós" ao "Deus em Si". Através do acesso à Trindade que nos foi aberto por Jesus aqui na terra, a teologia ousa entrar e balbuciar sobre o mistério do Deus em Si, ousa pronunciar algo sobre as eternas relações entre o Pai, o Filho e o Espírito Santo. Termos técnicos da teologia trinitária, portanto, serão explicitados e aprofundados no intuito de melhor vislumbrar a circulação de vida e de amor que eternamente reina entre as Pessoas divinas, tão unidos em comunhão que são um só Deus.

Extremamente rico nesse labor de escuta do Espírito na reflexão teológica trinitária foi o processo de construção dos dogmas trinitários elaborados durante os quatro primeiros séculos do cristianismo, cujo cume foram os concílios ecumênicos de Niceia e Constantinopla. Nesse rico e complexo itinerário, marcado por tensões, inquestionável foi o esforço intelectual dos primeiros teólogos cristãos na sistematização dos conteúdos da revelação da Trindade em Jesus Cristo e testemunhada nos Escritos Sagrados. Conheceremos as principais intuições e contribuições trinitárias dos principais teólogos desse período.

A Trindade Santa é um mistério salvífico, mistério de amor e de salvação. Deus Uno e Trino sai de Si, se dá a conhecer para estabelecer comunhão com o humano e convidá-lo a participar de sua vida. Refletir sobre o mistério do Deus cristão não visa saciar a curiosidade humana, no sentido de desvendar um segredo oculto. A teologia trinitária, por ser uma ciência salvífica, tem como escopo primeiro introduzir o ser humano na relação entre os Três divinos, relação esta que nos humaniza e nos diviniza. É nessa perspectiva que o estudo da teologia trinitária não pretende simplesmente oferecer um conjunto de afirmações dogmáticas sobre a Santíssima Trindade.

Tão importante quanto conhecer, ainda que limitadamente, o verdadeiro rosto de Deus é permitir que a Trindade seja inspiração permanente de vida, referência para novos relacionamentos humanos, fonte de inspiração no empenho de lutar contra todo individualismo e opressão. Novos paradigmas em todos os âmbitos surgem da fé na Trindade. Do desejo de assimilar aquilo que se crê brotam inspirações inesgotáveis para a vida pessoal e social rumo a uma nova humanidade. As questões ecológicas tão urgentes nos tempos atuais, marcados pela lógica do mercado, encontram na Trindade, no Deus Pai criador que cria na sabedoria do Filho e na força do Espírito, inspirações para novo paradigma relacional entre ser humano e natureza. Todo o universo, toda a criação são resultado do amor entre os Três divinos, amor transbordante que sai de Si e cria o diferente deles, para que seja um com Eles.

O gritante escândalo da desigualdade social, as desiguais relações entre homem e mulher, as deturpadas relações eclesiais, por vezes longe da sinodalidade, e tantos outros aspectos que se distanciam do modo de ser da perfeita comunidade trinitária se veem desafiados a deixar-se fecundar e se transformar pela comunhão das Pessoas divinas. Em outras palavras, aventurar-se a estudar o mistério da Trindade significa estar disposto a redescobrir sempre mais o rosto de Deus-comunhão e nele fazer-se um com o Amor, que é a própria Trindade. A obra *Poemas completos de Alberto Caeiro (Fernando Pessoa)*, ajuda a tomar sempre maior consciência de que o mistério é para ser mais amado do que compreendido. "Se falo na Natureza não é porque saiba o que ela é, / Mas porque a amo, e amo-a por isso, / Porque quem ama nunca sabe o que ama / Nem sabe por que ama, nem o que é amar / Amar é a eterna inocência" (Rio de Janeiro: Aguilar, 1974, p. 205).

PARTE I

1
A Trindade e o cristianismo

Trindade é o fundamento da vida cristã e de toda a realidade criada. Tudo o que existe no universo tem sua origem e fundamento naquele eterno dinamismo amoroso entre o Pai, o Filho e o Espírito Santo. O cristianismo é sacramento do amor trinitário que reina entre as Três Pessoas divinas. Em tudo na religião cristã deve brilhar e apontar para essa realidade fundante. No cristianismo, tudo aquilo que lhe é constitutivo enquanto religião e proposta de vida só tem sentido à medida que for canal que conduz ao mistério trinitário revelado por Jesus Cristo. Nada na religião cristã existe em função de si mesma. Quanto mais trinitário o cristianismo se configurar, tanto mais pertinente será à atual sociedade, marcada sim pelo individualismo, mas sedenta de fraternidade, de convivialidade, de amor.

Deus é único, "o Senhor nosso Deus é o único Senhor" (Dt 6,4), mas sua unidade se dá na mais profunda comunhão de Pessoas divinas. Nem sempre a consciência dessa origem trinitária e razão de ser da fé cristã esteve tão presente no cristianismo. Fala-se com razão de esquecimento ou exílio da Trindade na vida cristã. Não poucas vezes prevaleceu a religião de uma única Pessoa da Santíssima Trindade, ou seja, a relação com o Deus Uno e Trino não raro foi marcada pelo relacionamento com um suposto deus solitário, como se o Deus de Jesus Cristo não fosse comunidade de Pessoas divinas.

Não obstante todas essas posturas de distanciamentos da Trindade tem crescido a redescoberta da identidade cristã trinitária, sobretudo a partir do Concílio Vaticano II. Como exemplo do retorno do cristianismo à pátria trinitária pode ser citada a liturgia, a eclesiologia, a cristologia, a pneumatologia entre outros. Essas e outras dimensões ganharam perspectivas mais relacionais na correta e necessária articulação entre os Três divinos. Soma-se a isso o fato de a própria Teologia da Trindade ter-se dado conta nos últimos anos da necessidade de um enfoque mais relacional, narrativo, bíblico para falar do Deus tripessoal, Pai, Filho e Espírito Santo. Em outras palavras, o estudo da Trindade tem percebido a necessidade de trilhar um caminho que vá sempre mais de encontro com a revelação oferecida por Jesus Cristo, não meramente no plano ontológico, ou seja, não pelo fato de já saber de antemão que Ele é o Verbo encarnado, mas genuinamente centralizada nas relações de Jesus com seu Pai e com o Espírito Santo. Do enfoque na dimensão relacional da vida do nazareno, na qual encontramos a Trindade, nascem muitas perspectivas para a teologia no seu conjunto de saberes, e para a sociedade nas suas várias dimensões.

1.1 A vida cristã é trinitária ou não é cristã

A vida cristã é trinitária ou não é cristã. Essa verdade central da fé cristã precisa ser proclamada sempre de novo, de forma nova, com novo entusiasmo e renovado ardor. O núcleo central da profissão de fé do cristianismo é este: creio em Deus Pai, creio em Deus Filho, creio no Deus Espírito Santo.

O cristianismo somente se entende trinitariamente. Assim se expressa o *Catecismo da Igreja Católica*: "O mistério da Santíssima Trindade é o mistério central da fé e da vida cristã. É, portanto, fonte de todos os outros mistérios da fé, é a luz que os ilumina" (*CIC* 234). Já no primeiro sacramento, aquele que nos introduz na comunidade dos fiéis, somos batizados em nome da Santíssima Trindade (cf. Mt 28,19). Ela é o fundamento de todos os sacramentos da Igreja. A Trindade está no centro da celebração eucarística, do seu início ao fim; perpassa as devoções populares, haja vista a doxologia do "glória ao Pai, ao Filho e ao Espírito Santo" rezada pelos cristãos nas mais diversas orações cristãs.

A questão nevrálgica a ser posta na mesa da reflexão teológica e pastoral é pelas consequências práticas da profissão de fé no Deus Uno e Trino na vida dos cristãos. Em outros termos, se a profissão de fé no Deus Trino que é amor e comunhão não refletir nas mais variadas dimensões do cristianismo, se a fé no Deus Trindade não for inspiração para novos relacionamentos eclesiais e sociais, então o sinal vermelho da vida cristã está aceso, denunciando a distância que existe entre a teoria e a prática, entre fé e vida.

As estruturas eclesiais e as relações eclesiais, a prática da dimensão social e caritativa da fé são um eficaz termômetro para sentir o nível de incidência da fé no Deus Uno e Trino no cotidiano das comunidades cristãs. As comunidades eclesiais são, por vocação, lugares privilegiados para fazer genuínas experiências do mistério do Deus Trindade a partir de gratuitas e verdadeiras relações eclesiais, como nas primeiras comunidades, relatadas pelos Atos dos Apóstolos (cf. At 2,44).

O mesmo se deve afirmar da vida social dos cristãos, chamados a ser sal da terra e luz do mundo na Igreja e na sociedade (cf. Mt 5,13). A fé na Trindade Santa é desafiada a converter-se efetivamente em paradigma inspirador para um novo *ethos* humanitário, lançar luzes na busca de soluções para as grandes questões da humanidade, sobretudo para a desigualdade social, o racismo, a homofobia, a cultura da exclusão e do descartável, as gritantes questões ecológicas e tantas outras questões que necessitam de profundas conversões.

O Deus Trindade se revela em Jesus Cristo para estabelecer comunhão e amizade, revela-se para salvar e salva revelando-se. A Santíssima Trindade não é um pacote de verdades doutrinais a ser imposto aos fiéis, e sim um mistério salvífico, mistério de amor envolvente que convoca à comunhão. A revelação da Trindade, ofertada por Jesus, tem como desígnio primordial a salvação do ser humano e da história. A Santíssima Trindade é nitidamente marcada pela estrutura salvífica: o Pai toma iniciativa de enviar seu Filho ao mundo; Jesus vive a fidelidade e o serviço a nós e ao Pai, vive na força do Espírito, morre na cruz, é ressuscitado pelo Pai na força do Espírito, e com o Pai nos envia o Paráclito.

1.2 Do esquecimento da Trindade à redescoberta do Deus comunhão

Teólogos, a partir da segunda metade do século XX, começaram a denunciar o esquecimento da Trindade na teologia e na vida dos cristãos, cujas consequências negativas para o cristianismo não são superficiais. A pergunta de Bruno Forte resume a questão, que não é teórica: "Será um Deus cristão o Deus dos cristãos?" (FORTE, 1987, p. 11). Até que medida o Deus professado pela fé cristã é, de fato, o Deus Uno e Trino? Até que medida há na mente e no coração dos cristãos a consciência e a experiência de que nosso Deus é comunidade de Pessoas divinas?

Considerável número de cristãos é, na prática, monoteísta, para os quais dizer um Deus em Três Pessoas, que é Pai, Filho e Espírito Santo, ou dizer apenas Deus não mudaria em nada sua experiência religiosa. O teólogo alemão Karl Rahner foi um dos pensadores da fé cristã que mais demonstrou inquietação com o exílio da Trindade no cristianismo. Segundo ele, ainda que os cristãos confessem a doutrina da Trindade, sua existência religiosa é quase que exclusivamente "monoteísta". Caso fosse constatado que a doutrina da Trindade é falsa, a maior parte da bibliografia religiosa permaneceria como está, ou seja, não sofreria nenhuma alteração. Para Rahner, o esquecimento da Trindade é tão evidente no cristianismo que, ao falar do mistério da encarnação, o foco recai, teológica e religiosamente, no fato de Deus ter se encarnado, ter se tornado homem, e não necessariamente que quem se encarnou foi o *Logos* divino, ou seja, a Segunda Pessoa da Trindade (cf. RAHNER, 1961, p. 105-136). Ou seja, a doutrina da encarnação, tão central para a fé cristã, parece estar separada da doutrina da Trindade. Cristologia e Trindade parecem ser duas realidades separadas, sem conexão entre elas.

Outro autor que muito contribuiu nessa mesma linha de pensamento, ao questionar o esquecimento da Trindade, foi o teólogo Jürgen Moltmann. O monoteísmo a-trinitário, segundo o autor, é responsável pela crise de identidade do cristianismo (cf. MOLTMANN, 1975, p. 334). E para finalizar os exemplos de denúncia contra o esquecimento da Trindade na vida dos cristãos, ao mesmo tempo apontando a possível origem de tal esquecimento, citemos um parágrafo do documento da Comissão Teológica Internacional, de 1981. "Os autores da chamada neoescolástica isolavam, às vezes, a consideração da Trindade do conjunto do mistério cristão e não a tinham suficientemente em conta para entender a encarnação ou a deificação do homem. Por vezes, não mostravam em absoluto a importância da Trindade no conjunto das verdades da fé ou na vida cristã" (COMISSÃO TEOLÓGICA INTERNACIONAL. *Teologia – Cristologia – Antropologia*. IC 2,1).

Dentre os muitos "lugares" em que pode estar presente a crise de identidade no cristianismo de que Moltmann falava, citemos a perda das dimensões da comunhão, da colegialidade, a tendência de entrar pelos caminhos do legalismo e do moralismo doutrinal, a burocratização institucional e tantos outros aspectos que tendem a ofuscar a beleza trinitária na vida eclesial. Na dimensão pessoal, a crise de identidade cristã pode ser percebida no egoísmo, na ganância, na falta de empatia daqueles que se confessam cristãos.

O exílio da Trindade na vida cristã pode ser percebido ainda nas mais diversas formas, desde a imagem deturpada de um Deus castigador, que se distancia do Deus *Abbá*, Pai amoroso anunciado por Jesus Cristo, seja no relacionamento e devoções confusas ou quase exclusivas a apenas uma das Pessoas da Santíssima Trindade, seja nas formulações teológicas, e ainda em muitas outras manifestações aqui e acolá que distanciam a vida cristã de sua fonte, apresentando ao mundo um Deus solitário, sozinho, sem comunhão de Pessoas divinas. O importante é estar atento aos riscos teológicos, pastorais, sociais que isso acarreta. É o que veremos a seguir.

1.3 Riscos de um monoteísmo a-trinitário

O cristianismo não esteve e não está livre, como vimos, da tentação de uma fé que exclua ou separe, seja na práxis, na teoria e nas espiritualidades, as Pessoas divinas, que são, em seu insondável mistério de amor, e confirmado por Jesus Cristo na sua vida de comunhão com o Pai e com o Espírito, inseparáveis. Não são poucos os perigos eclesiais, religiosos, pastorais, sociais e políticos da fé cristã desvinculada de uma vivência trinitária de Deus e de uma teologia que a sustente e a promova. Tal desvinculação significa adentrar pelos caminhos do que alguns teólogos têm chamado de uma religião somente do Pai, ou do Filho ou do Espírito, isto é, de um cristianismo a-trinitário, sem ser vivido a partir da comunhão das Pessoas divinas. A-trinitário, portanto, porque, embora se professe a fé no Deus Trindade, o que se testemunhou em muitas situações foi uma relação unilateral, quase exclusiva com uma das Pessoas do mistério da Trindade.

A religião só do Pai induz à concentração e ao abuso do poder. Como há uma só divindade no céu, então é legítimo que haja na terra a figura do imperador político ou religioso, que monopoliza o poder e as decisões, utilizando-se da ferramenta do autoritarismo. No campo teológico e doutrinal adentra-se pela rigidez moral, estrutural, litúrgica com grandes dificuldades para a eclesiologia de comunhão, tão cara ao Concílio Vaticano II. A eclesiologia que sobressai é piramidal, com supervalorização da dimensão institucional em prejuízo da eclesiologia do povo de Deus. Supervaloriza-se o sacerdócio ministerial, enquanto que o sacerdócio comum de todos os fiéis é colocado à margem. Na religiosidade só do Pai há pouco espaço à diversidade, à colegialidade, à sinodalidade, à escuta do Espírito e à escuta das interpelações do profetismo de Jesus de Nazaré.

A religião só do Filho, por sua vez, tende a dar pouca relevância à transcendência divina. Jesus pode ser visto somente como mais um profeta, ou então, o que assistimos na atualidade, um Jesus desvinculado do Reino e de sua relação com o Pai e com o Espírito. Desvinculado do Pai e do Espírito, Jesus se converte numa figura tapa-buraco, *self service*, num milagreiro sem compromisso histórico, alheio à história e à vida das pessoas. Sem o Pai e o Espírito é impossível entender a real dimensão da missão de Jesus no anúncio do Reino de Deus. Na religião só do Filho o seguimento e o discipulado perdem relevância, pois Jesus deixa de ser o Filho obediente e fiel ao Pai no Espírito a ser seguido, ou em outras palavras, deixa de ser o Caminho, a Verdade e a Vida (cf. Jo 14,6) para tornar-se um produto religioso a ser consumido.

A religião só do Espírito conduz à falta de critérios eclesiológicos ou pastorais, podendo beirar à anarquia ou ao individualismo exacerbado em que cada um sente-se dono do Espírito, querendo aprisioná-lo nos próprios esquemas religiosos. Na religião somente do Espírito, Ele, que é o protagonista dos dons, não sopra onde quer, mas onde se deseja que Ele sopre, e muitas vezes a partir dos desejos individualistas. O fenômeno do neopentecostalismo traz à tona essa realidade, cuja relação com Deus quase sempre é marcada pelo intimismo religioso.

Outra realidade que merece atenção são certos movimentos eclesiais, os assim chamados "novos movimentos religiosos". Não se nega sua enorme contribuição para a vida eclesial; contudo, não significa que eles estejam livres de deturpações ou equívocos teológicos e eclesiais. Nem sempre a ação do Espírito é captada de modo correto. Porque o Espírito sempre age na história, em pessoas concretas, por isso limitadas, a recepção desta ação não está ausente de possíveis deformidades.

A tendência de desenvolver uma pastoral paralela à programação paroquial e diocesana é muito acentuada em certos movimentos eclesiais. Percebe-se também em alguns deles um acentuado proselitismo, na tentativa de impor à força seu modelo eclesiológico, ou seja, seu próprio movimento, consciente ou inconscientemente pensando ser ele "o movimento", o representante máximo do Espírito.

Dentre as principais causas do esquecimento da Trindade e da separação das Pessoas divinas pode estar aquela tendência da teologia trinitária clássica, fundada na afirmação da unidade de Deus entendida como substância espiritual absoluta, única, eterna, e somente num segundo momento se abordava a relação e a comunhão entre as Três Pessoas divinas. Nessa tendência clássica, primeiramente sobressai o Deus uno e só depois a Trindade de Pessoas, ao passo que na revelação concretizada na vida e no ministério de Jesus de Nazaré aparece um Deus sempre relacional, um Deus que é comunhão profunda de Pessoas. Deus, para Jesus, não é antes um ser, uma substância, mas é seu Pai, seu *Abbá*, e o Espírito é seu companheiro inseparável na missão.

Na vida de Deus Uno e Trino a unidade de Deus não é anterior nem posterior às relações, e vice-versa. Em Deus não vem antes a substância única para depois surgir as outras Pessoas divinas. O mistério da vida trinitária revelado por Jesus é eterna comunhão de amor, mistério de unidade divina na diversidade de Pessoas. Nas palavras de Bruno Forte, "essa divina unidade será pensada não, antes de tudo, como essência percebida previamente à distinção pessoal, mas como unidade da recíproca inabitação dos Três, na fecunda e inexaurível circulação da unida vida do amor eterno" (FORTE, 1987, p. 14).

O serviço teológico e pastoral necessita ficar atento às tendências antigas, bem como às novas de espiritualidades ou devoções a-trinitárias que insistem em se impor. Valorizar e resgatar a dimensão relacional do Deus de Jesus Cristo, que é Pai, Filho e Espírito Santo, são desafios que a teologia e a pastoral são convocadas a enfrentar em cada época. Com outras palavras, a teologia trinitária será pertinente à medida que encontrar sempre novos caminhos para recentralizar a vida cristã no Deus Uno e Trino, no Deus que é comunhão entre si e faz comunhão conosco, convidando-nos a entrar nesse mistério salvífico. Novamente Bruno Forte adverte:

> Nenhum "cristomonismo" ou "pneumatomonismo" é admissível, nenhuma absolutização unilateral de uma só Pessoa divina; e nem um abstrato monoteísmo indiferenciado, mas só aquele monoteísmo que respeita o movimento de alteridade e de comunhão na insondável unidade do amor, que é a história eterna de Deus. Só essa concepção do Deus uno, e do monoteísmo trinitário, apresenta aos homens o semblante do Deus cristão, que é sempre Pai, Filho e Espírito, na unidade do amor divino, em si e por nós. Só o monoteísmo trinitário discorre sobre Deus narrado no amor (FORTE, 1987, p. 143).

Qualquer abordagem teológica sobre os mais diversos temas necessita impreterivelmente ser feita a partir de uma perspectiva trinitária, como veremos a seguir.

1.4 Perspectiva relacional na reflexão teológica trinitária

Parece estar claro que a perspectiva relacional na reflexão trinitária urge ser sempre mais posta em evidência. Trata-se da volta às fontes bíblicas e patrísticas. No período patrístico a reflexão teológica sobre o mistério trinitário se dava sobretudo a partir daqueles acontecimentos histórico-salvíficos concretizados em Jesus de Nazaré, através de sua vida de comunhão com o Pai no Espírito Santo. A ênfase na relação das Pessoas divinas, além de ser um resgate da história de Jesus de Nazaré, cuja vida foi profundamente relacional com Deus e com os homens, é o modo mais pertinente de proclamar para a atual cultura o mistério do Deus Trindade, comunhão amorosa de Pessoas. Vale lembrar que a cultura hodierna, marcada pela intersubjetividade e pela relacionalidade, oportuniza olhar para o mistério de Deus a partir de um enfoque mais condizente com a novidade trazida por Jesus Cristo: Deus como comunhão de Pessoas divinas.

Porque vivemos atualmente num clima cultural em que está em alta as relações interpessoais, a subjetividade, a historicidade da pessoa urge restaurar na teologia trinitária a perspectiva inter-relacional da Santíssima Trindade. Em outras palavras, temos a oportunidade de fazer teologia trinitária a partir de um olhar que valorize as relações das Pessoas trinas que, por sua vez, permite descobrir a essência relacional do ser humano, o que é tão urgente nos dias atuais. Sem deixar de ser Uno, o Deus de Jesus Cristo é Trino, é relação. Nas palavras de Leonardo Boff, "no princípio está não a solidão do Um, de um eterno, sozinho e infinito. Mas no princípio está comunhão dos três Únicos. A comunhão é a realidade mais profunda e fundadora que existe" (BOFF, 2011, p. 26).

Trindade é a comunhão de Pessoas divinas tão intimamente unidas que são um só Deus. A fé na Trindade é fé no amor, na comunhão, na solidariedade, na igualdade. Professar a fé na Trindade é resistência a todo tido de individualismo, de egoísmo, de fechamento sobre si mesmo. Essa verdade de fé no Deus relação, comunhão de Pessoas numa só essência divina, nos impulsiona a deixar-nos inquietar, modificar, fecundar pelo outro enquanto outro.

Muitos sinais esperançosos e animadores podem ser contemplados a partir dessa perspectiva relacional que a teologia está trilhando e há de avançá-lo sempre com mais vigor. Em termos mais diretos, a Trindade, em situação de exílio por muitos séculos, está voltando à pátria do coração da Igreja. A partir do Vaticano II, e já antes dele, contribuições importantes de teólogos como Moltmann, Pannenberg, Kasper, Ives Congar, Leonardo Boff, Jon Sobrino e tantos outros foram fundamentais na renovação da teologia trinitária, com um olhar interdisciplinar, em perspectiva pericorética, em que Deus entendido como comunhão foi a tônica e o ponto de partida da reflexão. A teologia latino-americana igualmente deixou sua marca na renovação teológica e eclesial ao dar ênfase a uma perspectiva mais social da Santíssima Trindade, de tal forma que não somente a reflexão trinitária foi enriquecida a partir desses novos enfoques, como também os outros saberes teológicos se enriqueceram, como é o caso, por exemplo, da eclesiologia, da cristologia, da pneumatologia. Todos esses saberes recebem renovada identidade. A cristologia, por exemplo, começou a olhar para Jesus Cristo com um olhar mais trinitário, histórico, narrativo. Na valorização da caminhada histórica do Filho encontramos o Pai e o Espírito Santo, sempre unidos num amor tripessoal. O mesmo se deu com a pneumatologia, ao tomar maior consciência de que o Espírito Santo é o Espírito de Jesus e de seu Pai, é o Espírito do serviço, da alteridade, da relação; é o Amor entre o Pai e o Filho.

2

A revelação da Trindade na vida e na missão de Jesus

Vimos no capítulo precedente que o núcleo central da vida cristã é a Trindade Santa, eterna e perfeita comunhão das Três Pessoas divinas. Deus é único mas não é solitário. A grande novidade proclamada pelo kerigma primitivo consiste em afirmar que Deus tem um Filho, foi morto, mas Deus Pai o ressuscitou na força do Espírito, por isso Jesus é o Cristo Senhor. Mas de onde o cristianismo tirou a certeza de que Deus é Pai, Filho e Espírito Santo, se a tradição judaica, da qual Ele é herdeiro, confessa incondicionalmente a unicidade absoluta de Deus? A partir de onde o cristianismo confessa aberta e publicamente: "creio em Deus Pai, e no Deus Filho e no Deus Espírito Santo"?

A descoberta do Deus Trindade de Pessoas não se deve em primeiro lugar ao esforço humano, ela é acolhida da oferta gratuita do Deus comunhão que deseja se comunicar. Toda revelação é graça, dom, oferta generosa daquele que deseja estabelecer comunhão com o diferente de si. A revelação da Trindade se realiza gratuitamente através do Verbo encarnado, Jesus Cristo, o rosto misericordioso do Pai. Quando pedem a Ele que lhes mostre o Pai, sem titubear responde: "Quem me viu, viu o Pai" (Jo 14,9). Em Jesus Cristo a Trindade se manifesta naquilo que há de mais autêntico e original. Nele a comunidade Trina se deixa conhecer na sua realidade mais profunda que é comunhão, relação, alteridade, amor. Na relação de Jesus com seu Deus, *Abbá*, e com seu Espírito, temos acesso ao Deus Trindade, temos acesso ao mistério trinitário que marcou toda a existência.

Jesus nos deu a conhecer que o Deus de Israel, o único Senhor do céu e da terra, é Pai, não apenas no sentido de criador, protetor, mas Pai de Jesus Cristo. Há entre Eles uma relação paterno-filial única, especial, não repetível. Toda a sua fala sobre Deus não foi uma teoria oferecida aos seus ouvintes. Tudo o que Ele falou de Deus foi resultado de sua relação filial com seu Pai. A missão de Jesus foi apresentar o coração bondoso de seu Pai que Ele mesmo pôde experimentar do início ao fim de seu ministério.

Ao revelar Deus Pai, Jesus revela-se como Filho. Deus é Pai porque tem um Filho amado. Cumpriu sua missão na mais profunda relação de obediência filial, fazendo em tudo a vontade daquele que o enviou. Jesus não apenas falou que Deus é Pai, mas comportou-se como Filho, viveu profundamente sua condição de Filho de Deus. Seus seguidores cedo intuíram que havia algo de inusitado no modo como Jesus relacionava-se com seu Deus, e foram descobrindo nela a identidade de Filho de Deus.

Deus é Pai, tem um Filho (cf. Ef 1,3). Jesus é o Filho, Filho de Deus Pai (cf. 2Jo 3). Há também o Espírito Santo, presente e atuante nessa relação paterno-filial. O Espírito Santo, a terceira Pessoa da Trindade, o elo entre o Pai e o Filho, o amor do amante e do amado, foi revelado e comunicado por Jesus Cristo. Na vida de Jesus encontramos o Espírito, dele saía uma força, uma inspiração, um dinamismo de vida que só poderia ser uma Pessoa divina, a do Espírito. Ao mesmo tempo, o Espírito revelado por Jesus revela o Pai e o Filho, pois é no Espírito que professamos que Deus é Pai de Jesus Cristo e que Jesus é eternamente Filho de Deus, tão divino quanto o Pai. No Espírito e pelo Espírito nos tornamos partícipes da relação paterno-filial, nos tornamos filhos adotivos.

Enfim, a revelação da Trindade não caiu do céu de forma mágica, nem tampouco consiste num pacote de doutrinas a serem assimiladas irreflexivamente. O mistério do Deus Trindade emerge na pessoa de Jesus Cristo, no seu modo de vida, na sua relação com seu Deus, na sua relação com as pessoas. Tudo nele vem da comunhão e tudo nele converge para a comunhão. Jesus viveu trinitariamente.

Antes de aprofundar os conceitos teológicos, antes mesmo de chegar nas definições dogmáticas, antes de buscar auxílio na linguagem filosófica, a teologia trinitária nos convida a mergulhar na vida de Jesus de Nazaré e encontrar nele a realidade trinitária de Deus. Encontrar-se com Jesus é mergulhar no mistério trinitário de Deus.

2.1 Jesus é o caminho para a Trindade

O acesso à Santíssima Trindade não é fruto do esforço intelectual humano, mas se deve em primeiro plano à revelação de Deus na história da humanidade tornada real em e por Jesus Cristo. Ele, o verbo de Deus encarnado, revela o Pai, revela-se como Filho e revela o Espírito Santo.

Para iniciar o tema da revelação da Trindade em Jesus Cristo é oportuno logo no início deste capítulo explicar, ainda que brevemente, a diferença entre Trindade imanente e Trindade econômica. Posteriormente, voltaremos a essa questão de forma mais aprofundada. Por "Trindade imanente" a teologia denomina o mistério do Deus em si mesmo, sem referência à criação, ao mundo, à história. É o Deus Pai, Filho e Espírito Santo que eternamente existe na sua vida íntima, independentemente de sua revelação na história. "Trindade econômica" é a manifestação histórica da Trindade, é o Deus para nós, ou seja, Deus Trindade em sua manifestação na história, através de Jesus Cristo e do Espírito Santo.

Estamos falando, portanto, do único Deus Uno e Trino em suas duas dimensões: Deus enquanto mistério insondável e inacessível, e Deus enquanto revelado por amor e gratuitamente na história de Jesus Cristo; Deus mistério inacessível e Deus mistério revelado.

Clareada as devidas diferenciações das duas dimensões do mesmo e único Deus, com mais facilidade se entende agora a afirmação inicial deste capítulo, de que Jesus Cristo é o caminho para a Trindade. Tudo o que podemos conhecer, ainda que limitadamente, do mistério da Santíssima Trindade é possível porque Jesus Cristo é o revelador das Três Pessoas divinas. O mistério do Deus em si nos torna próximos em Jesus Cristo. É na manifestação histórica de Jesus que conhecemos a natureza de Deus, que consiste na eterna comunhão amorosa das Três Pessoas divinas. Nas palavras de Leonardo Boff, "fora da revelação única que o Filho e o Espírito nos entregam, Deus Pai não passa de sinônimo de Deus criador. Por Jesus descobrimos o Pai, o Filho e o Espírito como sendo a realidade do único e verdadeiro Deus, a Trindade santa" (BOFF, 1986, p. 205).

Que Deus é Pai, Filho e Espírito Santo só o sabemos graças à vida, palavras e ações de Jesus Cristo. É Ele quem nos abriu as portas para entrar, segundo nossas possibilidades, no mistério de Deus Uno e Trino. Bruno Forte sintetiza a questão: "No plano do conhecimento de Deus não nos é dado outro lugar a partir do que seja possível discorrer menos infielmente sobre o mistério divino, a não ser a história da revelação, os eventos e as palavras intimamente relacionadas entre si, através dos quais Deus narrou em nossa história a sua história" (FORTE, 1987, p. 16).

Nas Sagradas Escrituras encontramos inúmeras passagens que afirmam ser Jesus Cristo o revelador de Deus. Citemos algumas: "Mas quando chegou a plenitude dos tempos, Deus enviou seu Filho, nascido de uma mulher e sob a Lei" (Gl 4,4). "Muitas vezes e de modos diversos Deus falou antigamente a nossos pais pelos profetas. Agora, nos últimos dias, falou-nos pelo Filho que constituiu herdeiro de tudo, por quem criou também o mundo" (Hb 1,1-2). "Ele é a imagem do Deus invisível, o primogênito de toda criatura" (Cl 1,15).

Dos lábios do próprio Jesus ressoam as seguintes palavras: "Tudo me foi entregue por meu Pai. Ninguém conhece o Filho senão o Pai, e ninguém conhece o Pai senão o Filho e aquele a quem o Filho quiser revelar" (Mt 11,27). "Ninguém jamais viu a Deus. O Filho único de Deus, que está junto ao Pai, foi quem no-lo deu a conhecer" (Jo 1,18).

Toda a vida de Jesus, desde o nascimento à morte e ressurreição, está em relação direta e íntima com o Pai e com o Espírito Santo. Encontrar-se com Jesus é encontrar-se com o mistério de comunhão trinitária. Nesta perspectiva, é por demais imperioso que a teologia no seu conjunto, a eclesiologia, a vida e a espiritualidade cristãs, e cada cristão redescubram sempre com mais frescor a importância da caminhada histórica e terrena de Jesus de Nazaré. Se Jesus é o caminho para a Trindade, então nada mais necessário do que mergulhar no seu caminho humano e histórico e deixar se surpreender pelo Deus comunhão de Pessoas que Ele revela.

Jesus de Nazaré, o Verbo encarnado do Pai, o Verbo que se fez carne (cf. Jo 1,1-18), não trouxe uma doutrina sobre Deus, mas manifestou através de sua vida e missão, palavras e ações o mistério trinitário e amoroso de Pessoas divinas. Nele, tudo remete à vida amorosa da Trindade. A Trindade é encontrada e conhecida quando nos encontramos com Jesus. O que Deus disse de si ao longo da história sabemos por meio de seu Filho, pois Ele nos revela o segredo mais íntimo de Deus. Nele, tudo remete ao Pai e seu Reino, e ao Espírito Santo. Para conhecer o mistério inacessível de Deus não há outro caminho a não ser olhando a história do Filho, que se fez homem em Jesus de Nazaré. Tudo nele é manifestação do Deus Trindade: sua relação com o Pai, a quem o chama de paizinho, *Abbá*, sua fidelidade e obediência de Filho, a força do Espírito da qual Ele é portador, a promessa do envio do Espírito, o modo como acolhe as pessoas, sua compaixão e misericórdia pelos mais fragilizados, seu anúncio do Reino do Pai e sua realização na força do Espírito. Jesus foi sacramento do amor do Pai para a humanidade. Alegrou-se no Espírito pela evangelização dos pobres (cf. Lc 4,18).

A constituição dogmática do Concílio Vaticano II *Dei Verbum* sintetiza em um parágrafo o conteúdo que está sendo descrito nesse subtítulo. Diz a *Dei Verbum*, logo no início do primeiro capítulo: "aprouve a Deus, na sua bondade e sabedoria, revelar-se a si mesmo e dar a conhecer o mistério de sua vontade, mediante o qual os homens, por meio de Cristo, Verbo encarnado, têm acesso no Espírito Santo ao Pai e se tornam participantes da natureza divina" (*DV* 2). Merece destaque a expressão "revelar-se a si mesmo", bem como a ênfase trinitária que o documento confere à revelação divina. Jesus Cristo é a revelação, não de algum aspecto da Trindade, mas é a autorrevelação, o rosto definitivo de Deus aos humanos. Em Jesus Cristo Deus se revela a Si mesmo.

Digno de consideração nesse mesmo parágrafo da constituição do concílio é a finalidade da revelação: para que o ser humano se torne "participante da natureza divina". A revelação trinitária ofertada por Jesus não visa meramente mostrar como Deus é, no sentido de desvendar um segredo à humanidade ou responder à curiosidade humana. A motivação primordial e causa última da revelação divina está na participação humana na vida trinitária de Deus. É nesta perspectiva que devemos afirmar que a revelação é salvífica. A isso a teologia chama de economia da salvação. Deus, em Jesus, é o Deus para nós, em vista de nossa salvação, de nossa comunhão com Ele e participação na sua vida. Deus se revela salvando-nos, e nos salva revelando-se.

2.2 Na vida e missão de Jesus se dá a revelação de Deus Pai

Jesus chama Deus de Pai de modo único e inusitado, como ninguém até então havia ousado fazê-lo. Para o povo do Antigo Testamento, Deus é Pai de Israel, Pai de uma nação, no sentido de ser presença amorosa e libertadora na vida daquele povo, escolhido e eleito em vista da universalidade da salvação a todos os povos. Israel é o povo primogênito de Javé (cf. Dt 14,1-2). Tamanha originalidade em nomear Deus de *Abbá* é reflexo de sua relação única com seu Deus. Jesus é o Filho Unigênito, conhece o Pai profundamente (cf. Mt 11,27; Lc 10,22).

Jesus não somente chama Deus de Pai, mas o faz com uma linguagem profundamente familiar, íntima. O vocábulo *Abbá*, cujo significado é paizinho, é uma expressão autêntica de Jesus, utilizada por Ele mesmo. Não se tem dúvidas de que Jesus invocava Deus de *Abbá*. Tal atitude, segundo Leonardo Boff, "trata-se de algo extremamente íntimo e único, pois Jesus o expressou por uma palavra tirada da simbólica da comunhão familiar. *Abbá*, que na linguagem infantil significava papaizinho. Era na oração, quase sempre feita a sós (cf. Mc 1,35; 6,46; 14,32-42; Lc 3,21; 5,16; 6,12; 9,28; 11,1), que Jesus invocava o seu Pai" (BOFF, 1986, p. 45).

Mais ousadamente ainda, para escândalo dos moralistas de plantão, Jesus chama a Deus de "meu Pai", ou seja, uma linguagem ainda mais íntima, pessoal, por meio do pronome possessivo "meu". "Aos que vendiam as pombas, disse: 'Tirai daqui tudo isso e não façais da casa de meu Pai uma casa de comércio'" (Jo 2,16). Em outras ocasiões nos deparamos com a mesma postura de Jesus: "Não me retenhas porque ainda não subi ao Pai. Vai aos meus irmãos e dize-lhes: Subo para meu Pai e vosso Pai, meu Deus e vosso Deus" (Jo 20,17). "Na verdade eu vos digo: não foi Moisés que vos deu o pão do céu. Meu Pai é que vos dá o verdadeiro pão do céu e dá vida ao mundo" (Jo 6,32). "Meu Pai que me deu as ovelhas é maior do que todos, e ninguém poderá retirá-las da mão do meu Pai" (Jo 10,29). Inclusive, resulta de sua ousadia em chamar Deus de Pai motivos para sua condenação à morte de cruz: "Então eles começaram a perseguir Jesus por ter feito tal coisa no sábado. Mas Ele respondeu-lhes: 'Meu Pai continua trabalhando até agora e eu também trabalho'. Por isso os judeus procuravam com mais empenho ainda tirar-lhe a vida, pois não só aboliu o sábado mas também afirmava que Deus era seu Pai, fazendo-se assim igual a Deus" (Jo 5,16-18). Portanto, "essa consciência de Jesus não passou despercebida aos adversários que decidiram condená-lo à morte, 'porque chamava a Deus seu próprio Pai, se fazendo igual a Deus' (Jo 5,16)" (BOFF, 1986, p. 205).

O Reino de Deus ao qual Jesus deu sua vida não é Reino de um Deus impessoal, distante, mas reino de seu Pai, seu *Abbá*, seu paizinho. A relação de Jesus com Deus não é simplesmente a relação de um homem com seu Deus, mas é genuinamente a relação de um Filho com seu Pai. Nessa profunda comunhão entre Jesus Cristo e seu Deus vislumbramos aquela comunhão trinitária que constitui o mistério de Deus em si mesmo, que a razão humana não consegue chegar por conta própria. Sabiamente recorda Boff: "Fora da revelação única que o Filho e o Espírito nos entregam, Deus Pai não passa de sinônimo de Deus criador. Por Jesus descobrimos o Pai, o Filho e o Espírito como sendo a realidade do único e verdadeiro Deus, a Trindade santa" (BOFF, 1986, p. 205).

A revelação da paternidade de Deus é central no ministério de Jesus. A grande novidade do Novo Testamento é essa: Deus é Pai e tem um Filho eternamente, e no Espírito somos filhos no Filho, ou seja, filhos adotivos. A relação Pai-Filho perpassa todo o Novo Testamento, e de modo singular os quatro evangelhos. O Pai é seu permanente ponto de referência. Quando Felipe pede a Jesus que lhes mostre o Pai, Jesus responde: "Felipe, há tanto tempo estou convosco e não me conheces? Quem me viu, viu o Pai" (Jo 14,9).

Jesus vive uma relação de comunhão plena com seu Deus Pai. Faz o que vê o Pai fazer (cf. Jo 5,19), faz a vontade do Pai (cf. Jo 5,30); conhece o Pai profundamente (cf. Jo 10,15; 17,15) e o Pai o conhece igualmente (cf. Mt 11,27; Lc 10,22), age em nome do Pai (cf. Jo 10,25), agradece ao Pai por tudo que dele recebe (cf. Jo 11,41).

Vale a pena transcrever as palavras do grande teólogo Schillebeeckx: "Na sua humanidade, Jesus é tão intimamente 'do Pai', que é exatamente nisso que Ele é Filho de Deus. Isso por si sugere que o centro da humanidade de Jesus não estava dentro dele mesmo, mas em Deus Pai [...]. Como ser humano que Ele é, Jesus é constitutivamente 'alocêntrico': voltado para o Pai e para a salvação que vem de Deus para todos; é isso que lhe dá o seu perfil e o seu rosto" (SCHILLEBEECKX, 2008, p. 663).

É na alegria do Espírito que Jesus louva o Pai: "Naquela mesma hora Jesus sentiu-se inundado de alegria do Espírito Santo e disse: 'Eu te louvo, Pai, Senhor do céu e da terra, porque escondeste estas coisas aos sábios e entendidos e as revelaste aos pequeninos'" (Lc 10,21). Jesus viveu a experiência e a relação paterno-filial no cuidado com os caídos no caminho da vida, os marginalizados, os últimos da sociedade e da religião vigentes na época. Ao justificar um milagre no dia de sábado, afirma: "Meu Pai trabalha até o presente e eu também trabalho" (Jo 5,17). Portanto, o Filho se coloca no seguimento e na imitação de seu Pai. Descobriu o Pai dentro da criação, no cuidado para com as aves do céu (cf. Mt 6,26). Para Jesus, a paternidade de Deus Pai se irradia na criação.

Jesus viveu uma relação de confiança e obediência absoluta. Pagola, em seu clássico livro *Jesus, aproximação histórica*, assim comenta: "A vida de Jesus foi uma entrega total de pura confiança a Deus, pondo-se numa atitude de disponibilidade incondicional. Tudo que fazia, fazia-o animado por essa genuína, pura e espontânea confiança no seu Pai. Procurava a vontade sem receio, calculismo, nem estratégias. Não se apoiava na religião do templo nem na doutrina dos escribas nem nas tradições de Israel" (PAGOLA, 2008, p. 323-324).

2.3 Jesus revela-se como Filho

Em Jesus, ao revelar a face de Deus Pai, de modo único e inusitado, emerge a revelação do Filho. Jesus revela-se como Filho, nos dá a conhecer o mistério da relação paterno-filial que habita o mistério de Deus. "Tudo me foi entregue pelo Pai. De modo que ninguém conhece o Filho senão o Pai e ninguém conhece o Pai senão o Filho e aquele a quem o Filho quiser revelar" (Mt 11,27; Lc 10,22). Deus Pai tem um Filho unigênito, que se chama Jesus Cristo. Ele é o verbo eterno, o Filho Unigênito (cf. Jo 3,16) que assumiu a condição humana e fez morada entre nós.

Ao falar do Pai, Jesus fala de si. Ao mostrar o rosto do Pai, Ele revela a sua mais profunda identidade de Filho. Jesus não é apenas mais um filho de Deus, como nós o somos, mas é o Filho Único, o Filho muito amado, em quem o Pai colocou toda sua alegria (cf. Lc 3,22). Sabemos que Deus é Pai e eternamente tem um Filho porque Jesus, no dinamismo do Espírito, viveu tão intimamente unido ao seu Deus, a quem o chamava de Pai, que a comunidade dos discípulos descobriu ser Ele o próprio Filho de Deus.

Embora Jesus tenha usado, segundo a exegese moderna, a expressão "Filho do homem" para referir-se a si mesmo, com frequência é aplicado a Ele o título "Filho de Deus"[1]. Até os espíritos impuros o declaravam Filho de Deus (cf. Mc 3,11). O título

---

1. No quarto Evangelho, Pai é o modo habitual de Jesus referir-se a Deus, e Filho é a denominação que Jesus com frequência usa para se referir a si mesmo (cf. Jo 5,36-37; 6,27.44.57; 8,42; 13,3; 16,17-28). No corpo joanino, existem 141 referências a Deus como Pai. Nos sinóticos, no hino de júbilo (Mt 11,25-27; Lc 10,21-22) é uma das poucas vezes que Jesus chama a si mesmo de "o Filho".

"Filho de Deus" aparece na boca de Maria, irmã de Lázaro: "Eu creio que és o Cristo, o Filho de Deus, que devia vir ao mundo (Jo 11,27); na fala dos apóstolos: verdadeiramente, Tu és Filho de Deus (Mt 14,33); no centurião romano, junto à cruz: "Verdadeiramente, este homem era Filho de Deus" (Mc 15,39); no diabo nas tentações (cf. Mt 4,3-8; Lc 4,3-13). Deus mesmo o chama de seu Filho (cf. Mc 1,11; Lc 3,22)[2].

Jesus viveu intensamente a condição de Filho de Deus em sua humanidade, numa relação de obediência e fidelidade incondicional no cumprimento da missão que o Pai lhe confiou. Ele sabia que dependia totalmente do Pai: "Em verdade, em verdade, vos digo: o Filho, por si mesmo, nada pode fazer, mas só aquilo que vê o Pai fazer; tudo o que este faz, o Filho o faz igualmente. Porque o Pai ama o Filho e lhe mostra tudo o que faz; e lhe mostrará obras maiores do que essas para que vos admireis" (Jo 5,19-20).

Jesus tem consciência de ser o enviado do Pai para a missão do Reino. "Então, em alta voz, Jesus ensinava no Templo, dizendo: Vós me conheceis e sabeis de onde eu sou; no entanto, não vim por própria vontade, mas é verdadeiro aquele que me enviou e que não conheceis. Eu, porém, o conheço, porque venho de junto dele, e foi Ele quem me enviou" (Jo 7,28-29). Seu alimento é fazer a vontade do Pai. "Disse-lhes Jesus: meu alimento é fazer a vontade daquele que me enviou e completar a sua obra" (Jo 4,34). Sabe de onde veio, conhece sua origem: "Embora eu dê testemunho de mim mesmo, meu testemunho é válido, porque sei de onde venho e para onde vou [...] se eu julgo, porém, o meu julgamento é verdadeiro, porque eu não estou só, mas comigo está o Pai que me enviou" (Jo 8,14-16).

---

2. Cf. outras passagens em que Jesus é chamado de Filho de Deus: Mt 4,3-6; 14,33; 16,16; 26,63; 27,40; 43,54; Mc 1,1; 3,11; 5,7; 14,61; 15,39; Lc 1,35; 4,3; 8,28; 22,70; Jo 3,18; 5,25; 10,36; 19,7; 20,31; At 9,20; Rm 1,4; 2Cor 1,19; Gl 2,20; Ef 4,13; Hb 4,14; 6,6; 1Jo 3,8; 4,15; Ap 2,18. Filho do Altíssimo: Lc 1,32. Filho: Mt 11,27; 24,36; 28,19; Mc 13,32; Lc 10,22; Jo 3,35s.; 5,19.20-23.26; 6,40; 8,36; 14,13; 1Cor 15,28; Cl 1,13; Hb 1,2; 3,6; 5,8; 7,28; 1Jo 2,22-24; 5,12.

Se por um lado Jesus sabe depender totalmente do Pai, por outro isso não o impediu de ser Ele mesmo. Ao contrário, tal dependência do Pai o tornou cada vez mais livre, autêntico e solidário com os irmãos e irmãs. Jesus falava com uma autoridade inaudita, com uma personalidade única, como se pode perceber, por exemplo, naquelas passagens em que contrapõe a lei de Moisés ao mandamento do amor. O "eu, porém, vos digo", do capítulo 5 de Mateus sintetiza a autoridade filial de Jesus. Ele interpreta a lei com suprema autoridade, perdoa os pecados em nome de Deus sem precedentes. Chama a atenção o modo decisivo com que fala, haja vista frases como: "eu quero", "eu te digo", "eu vos declaro", "eu vos envio".

2.4 Somos filhos no Filho

Aquela distância, sobretudo no Antigo Testamento, entre criatura e criador, em que Deus é concebido como o forte, o guerreiro, o onipotente, é superada por Jesus de Nazaré, em sua relação filial com Deus. Doravante, Deus é Pai de Jesus e também nosso Pai. "Há um só Deus e Pai de todos" (Ef 4,6). Com Jesus se dá um salto fundamental em nossa relação com Deus, pois podemos agora chamar Deus de Pai, embora a rigor e teologicamente só Jesus pode dar a Deus esse nome, pois Ele "é o Filho único" (Jo 3,16).

Jesus, através do Espírito Santo, nos introduz em sua relação filial com Deus. Ele mesmo nos ensinou a chamar Deus de Pai: "É assim que haveis de rezar: Pai nosso, que estais nos céus [...]" (Mt 6,9-15; Lc 11,1-4). Ele é Filho por natureza porque a relação paternal-filial entre o Pai e o Filho é eterna, ontológica, anterior à sua encarnação. Deus é o Pai de Nosso Senhor Jesus Cristo (cf. Rm 15,6; 1Cor 1,3). Por isso Ele é o unigênito, o único eternamente gerado, que desde toda a eternidade existe junto do Pai. O Verbo de Deus não foi criado; desde sempre Ele é Filho. Nas primeiras palavras do Evangelho joanino lemos: "No princípio era a Palavra e a Palavra estava com Deus, e a Palavra era Deus" (Jo 1,1). Ele é único herdeiro (cf. Hb 1,2). Somos filhos por graça, filhos adotivos, porque em Cristo e pelo Espírito recebemos a herança, o dom da filiação divina.

Em diversas ocasiões Jesus ensina os seus a chamar Deus de Pai. Na oração do Pai-nosso (cf. Mt 6,9-15; Lc 11,2-4), no Sermão da Montanha, inclusive com insistência, como se pode perceber pela frequência de vezes (cf. Mt 5,45.48; 6,4.8.9.14.15.18.26.32; 7,11). Uma questão, contudo, chama a atenção. Ao mesmo tempo em que ensina a chamar Deus de Pai, a diferença entre a sua filiação e a dos discípulos é mantida ao dizer meu Pai (cf. Mc 14,36; Mt 11,25) e vosso Pai (cf. Lc 6,36; Lc 12,30; Mc 11,25; Mc 14,36; Mt 5,48; Mt 6,4; Mt 6,9; Mt 6,14; Mt 6,18; Mt 6,32; Mt 7,11). A frase de Jesus segundo o Evangelista João sintetiza a diferença em questão. "Não me retenhais porque ainda não subi ao Pai. Vai aos meus irmãos e dizei-lhes: subo para meu Pai e vosso Pai, meu Deus e vosso Deus" (cf. Jo 20,17). Portanto, a relação de Jesus com o Pai não é igual à relação que os discípulos tiveram com Deus. Se o chamam de Pai é porque Jesus abriu-lhes o caminho. Jesus é por natureza o que somos por graça (cf. BINGEMER & FELLER, 1986, p. 76).

É pelo Espírito que nos tornamos filhos no Filho. O Espírito é aquele que une a filiação de Jesus à nossa participação nessa filiação. Duas passagens das cartas paulinas mostram o Espírito como Aquele que abre o acesso à participação na filiação divina. "Mas quando chegou a plenitude dos tempos, Deus enviou seu Filho, nascido de uma mulher e sob a Lei, para resgatar os que estavam sob a Lei, a fim de que recebêssemos a adoção de filhos. Porque sois filhos, Deus enviou aos nossos corações o Espírito de seu Filho que clama: *Abbá*. De maneira que já não és escravo, mas filho e, se filho, também herdeiro por Deus" (Gl 4,4-7); "Vós não recebestes um espírito de escravos para recair no medo, mas recebestes um espírito de filhos adotivos pelo qual clamamos: *Abbá*, Pai. O próprio Espírito dá testemunho a nosso espírito de que somos filhos de Deus. Se filhos, também herdeiros de Deus e co-herdeiros de Cristo, contanto que soframos com Ele para sermos também com Ele glorificados" (Rm 8,15-18).

Enfim, Jesus, o Filho único de Deus Pai, cuja vida foi vivida na mais profunda acolhida de Deus e dos irmãos, é o acesso a Deus Trindade e nos permite pelo Espírito entrar na sua relação de Filho. Somos filhos do mesmo Pai de Jesus e formamos uma só irmandade. O mundo, especialmente cada filho e filha de Deus, irmãos uns dos outros, fazem parte da Família trinitária. A experiência que Jesus faz de Filho com seu Pai é o caminho onde cada ser humano encontra o sentido de sua vida: vida de confiança e de entrega absoluta a Deus e irmãos de todos. Somente assim tem sentido dizer que somos filhos no Filho.

2.5 Jesus e o Espírito Santo

A mesma intensidade relacional entre Deus Pai e Jesus, o Pai e o Filho, encontramos entre Jesus e o Espírito Santo. Jesus viveu sua etapa terrena, a etapa de serviço, em plena e profunda sintonia com o Pai, e não menos intensamente em comunhão com o Espírito. Na vida de Jesus acontece igualmente a revelação do Espírito Santo. Onde está Jesus aí está o seu Espírito. Jesus revela, portanto, um Outro divino que participa da comunhão entre o Pai e o Filho. A realidade de Deus é trinitária, não se resume na relação a Dois, entre Pai e Filho, mas é aberta a um Terceiro, que é o Elo dos Dois: a Pessoa do Espírito Santo.

Jesus viveu mergulhado no Espírito, viveu pneumatologicamente. Uma leitura atenta dos evangelhos, sobretudo dos sinóticos, revela o Espírito presente em todos os momentos da vida de

Jesus, desde o nascimento à morte e ressurreição. O Espírito Santo está presente na concepção virginal de Maria. Jesus foi concebido por obra do Espírito Santo (cf. Lc 1,35; Mt 1,18.20). Maria é totalmente envolvida pelo Espírito Santo ao tornar-se a Mãe do Salvador, como bem podemos ler em Lucas, no relato da anunciação. "O Espírito Santo descerá sobre ti, e o poder do Altíssimo te cobrirá com a sua sombra. Por isso, aquele que vai nascer será chamado santo, Filho de Deus" (Lc 1,35).

O Espírito está presente no batismo, no Rio Jordão. Jesus é batizado e ungido no Espírito (cf. Lc 3,22). É no Espírito Santo que Ele se sente o Filho amado do Pai. Conduzido ao deserto, vence as tentações na força do mesmo Espírito (cf. Mc 1,12; Mt 4,1; Lc 4,1). Vale lembrar que as tentações não estão presentes apenas no início de seu ministério. Elas perpassaram toda a vida de Jesus. Muitos são os momentos nos quais Jesus se confronta com as forças do mal, da tentação. Em todas elas, o Espírito foi o Amigo fiel que o deixou sucumbir.

Sabia estar possuído pelo Espírito Santo para evangelizar os pobres, ou seja, é no Espírito que Jesus se aproxima dos oprimidos e lhes oferece a compaixão de Deus. Na sinagoga de Nazaré, Ele declara que a profecia de Isaías do Deus que é proteção e compaixão (cf. Is 61,1-2) foi realizada na sua pessoa (cf. Lc 4,18-21). É no Espírito que Jesus exulta de alegria e louva o Senhor do céu e da terra (cf. Lc 10,21). A presença do Espírito na vida de Jesus chega a ser tão intensa que negar a obra de Cristo significa blasfemar contra o Espírito Santo (cf. Mt 12,31-32; Mc 3,28-29; Lc 12,10).

É na força do Espírito que Jesus opera milagres, realiza gestos libertadores e expulsa demônios (cf. Lc 11,20). "Jesus percebeu logo que dele saíra uma força" (Mc 5,30). Na transfiguração, assim como no batismo, o Espírito está intimamente unido a Jesus e também aos discípulos, sobre os quais desce uma nuvem, símbolo do Paráclito, e os cobrem com sua sombra (cf. Lc 9,34). É da nuvem, ou seja, do Espírito, que Jesus ouve novamente, igual no batismo, a voz do Pai que diz amar o Filho. E da nuvem saiu uma voz que dizia: "Este é o meu Filho, o Eleito. Escutai-o!" (Lc 9,34).

Na cruz, Jesus entrega ao Pai o Espírito. "E, inclinando a cabeça, entregou o Espírito" (Jo 19,30). Ressuscitado, derrama sobre a Igreja e sobre toda a terra o Espírito prometido: "Após essas palavras, soprou sobre eles e disse: 'Recebei o Espírito Santo'" (Jo 20,22).

Se por um lado Jesus, em sua vida, ações e palavras manifestou a presença eficaz do Espírito Santo, não é menos verdade que o Espírito Santo, por sua vez, nos revela o Pai e o Filho. Antes mesmo da encarnação do Filho, é o Espírito quem agiu na pessoa de Maria. "O Espírito Santo virá sobre ti e o poder do Altíssimo te cobrirá com sua sombra; é por isso que o menino que vai nascer será chamado Filho de Deus" (Lc 1,35). Na encarnação, "sem dúvida, é Cristo quem aparece – a imagem visível de Deus invisível –, mas é o Espírito Santo que o revela" (CIC, 689).

Somente no Espírito podemos confessar que o Pai é Deus e que Jesus Cristo é o Filho de Deus. "Ninguém pode dizer 'Jesus é o Senhor' senão no Espírito Santo" (1Cor 12,3). O Espírito nos conduz à descoberta da filiação divina de Jesus. Nas palavras de Leonardo Boff, "o acesso ao Filho se dá pelo Espírito [...]. Espírito constitui como que a atmosfera que propicia o encontro do Filho com os batizados, formando com Ele um só corpo (1Cor 12,13)" (BOFF, 1986, p. 51).

Todo acesso que o ser humano tem a Deus se dá pelo Espírito Santo. Ele conhece o Pai e o Filho, por isso nós dá a conhecê--los. "O Espírito tudo investiga, até as profundezas de Deus [...]. As coisas de Deus ninguém as conhece senão o Espírito de Deus (1Cor 2,10-11). Só no Espírito e pelo Espírito cremos e professamos na fé o que Deus fez em Jesus de Nazaré. É no Espírito que a salvação trazida por Jesus se realiza em nós. Ele atualiza a obra libertadora do Filho.

2.6 A revelação da Trindade na encarnação e no batismo de Jesus

Momentos densos de manifestação pneumático-trinitária são a encarnação do Verbo e o batismo de Jesus. A encarnação do Filho de Deus se realiza pela ação do Espírito Santo (cf. Mt 1,20; Lc 1,35). Os relatos da encarnação destacam com destaque a presença e a ação do Espírito em Maria. É Ele quem torna possível a encarnação, descendo antes sobre a pessoa de Maria. A ação fecundante do Espírito em Maria precede a encarnação e a torna possível.

José é comunicado que o que em Maria foi gerado é obra do Espírito Santo (cf. Mt 1,20). Isabel, ao saudar Maria, "ficou cheia do Espírito Santo" (Lc 1,41). A profecia e o louvor de Zacarias pelo que Deus fez em Jesus se dão porque Zacarias estava "repleto do Espírito Santo" (Lc 1,67). A Simeão foi revelado pelo Espírito Santo que não morreria antes de ver o Cristo Senhor (cf. Lc 2,26). Como se depreende, o Espírito Santo é o protagonista no evento salvífico da encarnação do Filho.

O batismo de Jesus é igualmente um evento epifânico, denso de manifestação trinitária. Nele aparecem distintas e envolvidas em profunda comunhão as Três Pessoas divinas. Assim diz o texto sagrado sobre o momento do batismo: "Logo que saiu da água, viu que os céus se rasgavam e o Espírito, em forma de pomba, desceu sobre Ele. A voz vinda do céu dizia: "Tu és o meu Filho amado, em ti eu me agrado"" (Mc 1,10-11).

O estudo da cristologia moderna tem dado cada vez maior importância ao batismo de Jesus, cuja historicidade é inquestionável. Trata-se de um momento forte de descoberta, de autoconscientização do messianismo de serviço do qual Ele é portador para o anúncio e a realização do Reino de Deus. Com o batismo se inicia, segundo os evangelhos sinóticos, o ministério público de Jesus. Pela profunda experiência de Deus que Ele faz no Jordão, esse acontecimento mudou decididamente sua vida. O batismo teve um significado decisivo no seu caminho de busca de Deus e discernimento de sua missão salvífica. Ao procurar João Batista, aceita ser batizado por ele, compartilha de sua proposta de vida. Contudo, nesse período algo novo acontece em sua vida. A experiência que Ele faz no batismo é única, um novo início teologal e existencial se deu naquele momento, nas águas do Jordão. A experiência de filiação, de ser o Filho amado, de ser o ungido com o Espírito determinará sua vida doravante. O comentário de Pagola merece ser lido com atenção.

> O Deus misterioso e insondável vai comunicar-se a Ele; o Pai vai "dialogar" com Jesus. Recém-saído das águas do Jordão, aquele buscador de Deus vai viver uma dupla experiência. Vai descobrir-se a si mesmo como Filho muito querido: Deus é seu Pai! Ao mesmo tempo vai sentir-se cheio de seu Espírito [...]. No Jordão, Jesus não vive só a experiência de ser Filho querido de Deus. Ao mesmo tempo sente-se cheio de seu Espírito. Vê que, daquele céu aberto, "o Espírito descia sobre Ele". O Espírito de Deus, que cria e sustenta a vida, que cura e dá alento ao todo vivente, vem encher tudo com sua força vivificadora. Jesus experimenta-o como Espírito de graça e de vida [...]. Jesus experimenta em si a força do Espírito com tanta intensidade que, consciente de seu poder vivificador, aproximar-se-á dos enfermos para curá-los de seu mal; a única coisa que lhes pede é fé nessa força de Deus que atua nele e através dele. Cheio do Espírito bom do Pai, não sente medo nenhum de enfrentar espíritos malignos (PAGOLA, 2012, p. 370-374).

No anúncio do Reino de Deus transparece todo amor do Pai experimentado no batismo pelo Filho amado. A beleza e a novidade do conteúdo sobre a Boa-nova do Reino de Deus anunciado por Jesus são uma síntese da profunda experiência que Ele fez do Deus *Abbá*: um Deus que é Pai, amigo, próximo de todos, e um companheiro fiel, consolador que é o Espírito Santo. Jesus fez no batismo e, durante toda sua vida, a experiência do amor trinitário de Deus, e esse foi o "conteúdo" de sua pregação. Ele não transmite uma doutrina sobre Deus, mas comunica sua experiência pessoal com seu Pai. "Nesse reino não há servidores, mas apenas filhos de Deus, livres. Nesse reino não se pergunta pela obediência e submissão, mas sim pelo amor e livre-participação" (MOLTMANN, 2011, p. 84).

Tudo isso lança luzes e, ao mesmo tempo, sinceros questionamentos à evangelização e à teologia pastoral. Não são desconhecidos ainda hoje os anúncios de um Deus castigador, vigia de plantão, uma espécie de inimigo do ser humano, com o qual se torna impossível fazer a experiência de sermos também nós seus filhos amados, de sermos filhos no Filho e de sentir a presença iluminadora do Espírito. Se cada um fala do que o coração está cheio, não estaria faltando aos guardiões moralistas e rigorosos da fé uma maior experiência de Deus Trindade?

Contribuição significativa nesta questão, relativa à necessária conscientização das imagens distorcidas de Deus presentes no cristianismo, nos é oferecida pelo teólogo Andrés Torres Queiruga. Ele evidencia que os assim chamados mestres da suspeita que negam a Deus e criticam a religião, em grande parte se deve às imagens negativas de Deus apresentadas ao longo da história. Não raro Deus foi interpretado como alguém rival do ser humano. Deus se tornou "uma presença exigente que torna mais incômoda a existência e mais pesada a vida, que impõe obrigações duras e difíceis, que pode manifestar-se em castigos obscuros, dolorosos e inexplicáveis" (QUEIRUGA, 1999, p. 14). Como argumento para demonstrar a contribuição da Igreja no processo da construção da equivocada imagem de Deus rival, Queiruga recorda a rejeição da Igreja à ciência, a recusa ao diálogo com a Modernidade, a insistência em conceitos pré-modernos na apresentação da fé, dentre outras questões. O abismo, portanto, entre esse deus rival, que tanto estrago causou e causa ao cristianismo, e o *Abbá* de Jesus Cristo, o Deus "puro amor" e "pura salvação" é incalculável.

Queiruga apresenta como espinha dorsal de seu pensamento a ideia de Deus "puro amor" e "pura salvação", Deus como "afirmação do ser humano", Deus que cria por amor em vista da salvação, Deus que sustenta e potencializa o humano para sua plena realização e felicidade. Em Jesus Cristo, que viveu pneumatizado, repleto do Espírito, essa verdade é confirmada. "Somente o rosto verdadeiro do Deus de Jesus poderá romper a ambiguidade e desmascarar como um ídolo – rejeitado com razão – a ideia de um deus-rival-do-homem" (QUEIRUGA, 1993, p. 79). Em Jesus, Deus se manifesta como o Deus que está ao lado do ser humano, vencendo o poder do mal.

2.7 O batismo e a unção de Jesus

Jesus é o portador do Espírito Santo. Ele mesmo assim se sente quando, na Sinagoga, lê a passagem de Is 61,1-2 (cf. Lc 4,16-30). Ele se sente ungido para anunciar Boa-nova aos pobres. Nesta passagem Ele revela seu programa libertador em favor dos pobres. Os pobres são seus destinatários prediletos. Ele toma partido, se coloca ao lado dos últimos, e o faz ungido pelo Espírito. O hoje do Reino de Deus é alegria e libertação para os pobres, que tem em Jesus sua esperança. Jesus é o ungido do Pai no Espírito para a libertação dos que estão na escravidão.

Desde a Patrística, a reflexão teológica afirma que no batismo de Jesus se realizou em seu ser a segunda unção messiânica. Pedro, na pregação na casa de Cornélio, faz menção à unção ocorrida no batismo com as seguintes palavras: "Sabeis o que aconteceu por toda a Judeia: Jesus de Nazaré, começando pela Galileia, depois do batismo proclamado por João, como Deus o ungiu com o Espírito Santo e com poder, Ele que passou fazendo o bem e curando a todos os que estavam dominados pelo diabo, porque Deus estava com Ele" (At 10,37-38).

Santo Irineu assim comenta sobre a unção e a manifestação trinitária no batismo de Jesus. "No nome de Cristo se subentende aquele que unge, o que foi ungido e a unção com a qual é ungido. O Pai ungiu, foi ungido o Filho, no Espírito que é a unção [...] significando assim o Pai que unge, o Filho ungido e o Espírito Santo que é a unção" (IRINEU DE LIÃO. *Adversus Haereses* III, 18, 3; cf. CATÃO, 2000, p. 18). Dizer que Jesus foi ungido no batismo não significa, em momento algum, afirmar que Ele ainda não era Filho de Deus antes desse acontecimento. Já o era desde sempre, essa é a mensagem central do Evangelho de João: "No princípio era a Palavra e a Palavra estava com Deus, e a Palavra era Deus" (Jo, 1,1). Por outro lado, o que se quer chamar a atenção é ao cuidado para não alimentar uma visão reducionista que entende a unção messiânica de Jesus exclusivamente na encarnação do Verbo. Mesmo sendo Ele o Filho de Deus eternamente, não significa que o que aconteceu nas águas do Jordão não teve significado nenhum para Ele, pois é importante não esquecer nunca que Ele assumiu a carne humana, e "crescia em sabedoria, idade e graça diante de Deus e das pessoas" (Lc 2,52).

Encarnação e o batismo no Jordão são acontecimentos afins, além do que não se pode ter uma visão estática do mistério da encarnação. A encarnação do Verbo diz respeito a um mistério permanente, dinâmico, levado às últimas consequências na morte de cruz. Em outras palavras, Jesus foi a cada instante se encarnando na realidade e nos dramas da humanidade, de tal forma que a cruz é o momento de máximo rebaixamento a que o Filho de Deus se submeteu como sinal eloquente de amor.

No batismo, o Espírito unge o verbo feito homem. Como homem e não como Deus, Jesus recebe o batismo. "A unção batismal é dada para que sua humanidade, que a partir da encarnação é a humanidade do Filho, cresça na santidade, renasça e o Filho do homem se torne cada vez mais Filho de Deus também enquanto homem" (LADARIA, 2009, p. 174).

Jesus é o Verbo encarnado e o ungido com o Espírito em sua humanidade para a missão que o Pai lhe confiou. Além de ser Filho único, Jesus é também o ungido com o Espírito, o portador do Espírito. Nesta perspectiva, dizer Cristo é dizer o ungido, ou seja, remete à sua relação com o Espírito, e dizer Filho remete à sua relação com o Pai. Ambas as dimensões são inseparáveis, e é por isso que tanto a encarnação quanto o batismo são momentos de epifania trinitária.

Do exposto até aqui, não resta dúvidas de que o batismo do "Filho do homem" é prenhe de significado não somente para nós, mas para o próprio Jesus. Sem minimizar a presença do Espírito em Jesus desde a encarnação, urge valorizar o que aconteceu nas águas do Jordão, que o habilitou para seu ministério messiânico de serviço.

Infelizmente essa rica teologia batismal se perdeu ao longo do tempo. Tende-se a identificar a unção de Jesus exclusivamente com a encarnação, com união hipostática, isto é, a união da divindade e humanidade na Pessoa do Verbo encarnado. Contudo, os relatos evangélicos não deixam dúvidas quanto à importância do batismo como lugar da unção messiânica. No batismo, o Pai envia sobre a Pessoa de Jesus Espírito, que permanece nele. João mesmo testemunha: "Eu vi o Espírito descer do céu em forma de pomba e permanecer sobre Ele" (Jo 1,32). O verbo permanecer remete à presença constante do Espírito em sua vida, diferentemente de outros indivíduos do Antigo Testamento, cuja permanência era entendida como provisória (cf. Nm 11,25).

O importante é atentar para o real significado da unção messiânica no batismo de Jesus, de certa forma já explicitada no início desse tópico. Desde o seio materno Jesus é habitado pelo Espírito, mas com o batismo inaugura um novo capítulo em sua vida. Trata-se da unção messiânica para serviço do Reino, messianismo de serviço e não de domínio, de unção profética e não de manutenção do *status quo*. Nas palavras de Garcia Rubio, "O batismo constitui um momento forte na explicitação da consciência messiânica de Jesus. É também um sinal de sua vida de servidor que acabará por conduzi-lo à morte (cf. Lc 12,50). Como servidor, aliás, Jesus carrega os pecados do povo (cf. Is 53,1ss.). Agora podemos compreender por que Jesus é batizado junto com o povo: como Servo de Iahweh, Ele é solidário com seus irmãos, com o povo pecador" (RUBIO, 1994, p. 28).

A voz que Jesus ouviu no seu batismo relembra frases do Antigo Testamento, em referência a Isaías, o servo de Deus (cf. Is 42,1), o que evidencia, sem rodeios, a unção profética para o messianismo de serviço. Já no Antigo Testamento o Messias seria revestido com o Espírito de Iahweh que repousaria sobre o "rebento do tronco de Jessé" (cf. Is 11,1ss.).

No episódio da transfiguração (cf. Mt 17,1-13; Mc 9,1-12; Lc 9,28-36), outro momento de profunda teofania trinitária, Jesus confirma o verdadeiro sentido de seu messianismo, ou seja, a cruz que o esperava, consequência de sua vida de servo. No episódio da transfiguração, assim como no batismo, o Pai, junto com o Espírito, no símbolo da nuvem, declara que Jesus é seu Filho eleito. Trata-se de outra profunda teofania trinitária na qual é manifestada aos seus discípulos a glória do Filho, glória essa que passa pela condição de servo.

As tentações de Jesus, narradas logo após o batismo, que são na verdade uma síntese de todas as tentações enfrentadas durante seu ministério, têm como pano de fundo a tentação a renunciar o messianismo de serviço para assumir o falso messianismo do poder. O fato de os sinóticos colocarem as tentações de Jesus logo no início, ou mesmo antes de sua vida pública, não quer ser tanto uma informação histórica que localiza as tentações cronologicamente, mas um recurso literário de grande valor para mostrar que toda sua vida de servo passou pela tentação de desistir dessa missão. A base comum das tentações é instrumentalizar Deus, usá-lo para benefício próprio. São todas tentações relativas ao uso do poder religioso. É a tentação de não mais estar à disposição do Reino de Deus, mas sim de um reino próprio, de um poder próprio e colocar inclusive o próprio Deus à disposição própria. É no Espírito que Ele as vence e permanece fiel, até as últimas consequências, no caminho do lava-pés. É no Espírito que Jesus mostra que seu messianismo não se enquadra nos modelos de dominação da época.

Como seguidores do nazareno, batizados na Santíssima Trindade, não podemos permitir que o batismo cristão se distancie da unção ao serviço despretensioso a que fomos investidos, sobretudo aos mais empobrecidos. O Papa Francisco, por diversas ocasiões, chamou a atenção para as tentações na vida eclesial. Ele aproveita cada oportunidade para denunciar a tentação do clericalismo, do narcisismo que ronda a Igreja e seus servidores.

3
Quem é o Espírito Santo?

Que o Espírito Santo se manifesta na vida de Jesus, os textos sagrados não deixam dúvidas. Que o Espírito Santo esteve tão presente na história de Jesus como esteve o Pai, os relatos bíblicos são claros. A missão de Jesus de Nazaré revelou a presença dos outros Dois divinos em sua vida, nos deu a conhecer que Deus é Trindade, que além do Pai e do Filho existe a Pessoa do Espírito. Mas quem é o Espírito Santo? Sua identidade pessoal é tão nítida como a do Pai e a do Filho? De que forma Ele se manifesta?

Por estar diretamente ligado à vida, à fecundidade, à geração, o Espírito remete às dimensões do feminino na Trindade, ou seja, nos ajuda a melhor captar que as duas dimensões, tanto o masculino como o feminino, encontram na Trindade sua origem e fundamentação. Essas e outras questões relativas à sua Pessoa serão refletidas neste terceiro capítulo.

Em um segundo momento deste capítulo entraremos naqueles textos bíblicos do Novo Testamento em que o Espírito Santo aparece junto ao Pai e ao Filho, ou seja, as Três Pessoas da Trindade aparecem textualmente unidas. Tais textos confirmam com muita propriedade o modo próprio de ser das Pessoas trinas, as quais são e agem sempre em profunda comunhão. Onde está uma Pessoa lá estão unidas as outras Duas, a seu modo próprio.

Ainda neste mesmo capítulo, ao passar do Novo ao Antigo Testamento é legítimo perguntar sobre a possibilidade de se falar do Espírito Santo e, mais, se é legítimo falar da Santíssima Trindade na história do povo de Israel. Em que sentido a Trindade já estava presente na vida do povo da Antiga Aliança? Pode-se falar de revelação trinitária no Antigo Testamento, ou seria antes uma presença oculta, em processo de revelação?

3.1 A pessoalidade do Espírito Santo

A pessoalidade, isto é, a distinção pessoal do Pai e do Filho aparece mais evidente do que a do Espírito Santo, que parece ser o mais escondido, o mais discreto das Três Pessoas divinas. O Espírito parece não ter nome próprio, nem rosto, diferentemente do Pai e do Filho. Para representá-lo são utilizados diversos símbolos e imagens, como a água (cf. Jo 19,34), o fogo (cf. Lc 12,49), a nuvem (cf. Lc 1,35), o vento (cf. Jo 3,8), a pomba (cf. Mt 3,16), o dedo (cf. Lc 11,20). Contudo, nessa pseudoimpessoalidade do Espírito está sua mais profunda identidade. É próprio do Espírito Santo apontar para o Pai e para o Filho, evidenciar o amor trinitário. Ele se revela escondendo-se, e se esconde revelando-se.

O Espírito Santo é Pessoa divina, igual em divindade ao Pai e ao Filho. É Ele uma Pessoa divina. Equívoco enorme seria, portanto, considerá-lo uma mera força impessoal do Pai ou do Filho. Visitemos alguns textos sagrados em que aparece a distinção pessoal do Espírito Santo. A identidade do Espírito aparece no mandato missionário, em Mt 28,19, em que Jesus ordena batizar em nome das Três Pessoas divinas, Pai, Filho e Espírito Santo. Aparece de forma evidente e inconfundível na cena da Última Ceia, na qual Jesus promete o envio do Paráclito santo: "Eu pedirei ao Pai, e Ele vos dará outro Paráclito, que estará convosco para sempre" (Jo 14,16). "Mas o Espírito, o Espírito Santo que o Pai enviará em meu nome, vos ensinará tudo e vós trará à memória tudo quanto eu vos disse" (Jo 14,26).

Bastariam essas passagens bíblicas para concluir que é notória sua identidade, sua personalidade. Ele é alguém distinto das outras Pessoas divinas e simultaneamente está em profunda comunhão com Elas. Nesta mesma perspectiva, nas passagens bíblicas que fazem menção ao Espírito Santo chama a atenção os verbos utilizados para descrever sua ação. São verbos personalizantes, ou seja, verbos que denotam o caráter pessoal do Espírito. O Espírito é sempre apresentado como uma Pessoa divina que atua, segundo os textos sagrados, a partir de verbos fortemente pessoais. O Espírito permanece com os discípulos (cf. Jo 14,17); Ele guia na verdade, fala, anuncia (cf. Jo 16,13); glorifica Jesus (cf. Jo 16,14); dá testemunho de Jesus (cf. Jo 15,26); intercede por nós diante de Deus com gemidos (cf. Rm 8,26); distribui os carismas (cf. 1Cor 12,11). O Espírito ama (cf. Rm 15,30); se alegra (cf. Gl 5,22); impulsiona, encoraja (cf. At 9,31); pode ser entristecido (cf. Ef 4,30). O Espírito tudo investiga, até as profundezas de Deus" (1Cor 2,10). Ele derrama o amor de Deus em nosso coração (cf. Rm 5,5).

Além de todos esses elementos aqui apresentados no tocante à identidade pessoal do Espírito, vale lembrar que desde a antiga reflexão teológica Ele é apresentado como Dom e Amor. Nisso consiste sua personalidade, sua identidade própria: ser Dom, ser Amor, ser Elo. Ele é dom, é vínculo de amor entre Deus e Deus (Pai e Filho), entre Deus e os homens, e entre os homens entre si. O Espírito é o Amor que circula entre o Pai e o Filho, Ele é dom do Pai e do Filho. É dom à Igreja, é dom da diversidade e dos carismas. É dom derramado sobre toda a carne. "A capacidade específica de ser dado que é própria do Espírito Santo vem de sua condição de amor" (LADARIA, 2005, p. 332).

O Espírito é essa circulação de amor, é o vínculo pessoal de comunhão. Nas palavras de Santo Agostinho, "o Espírito é como uma comunhão inefável do Pai e do Filho" (AGOSTINHO. *A Trindade* V, 11,12). Tornou-se célebre outra afirmação do bispo de Hipona que diz que o Pai é o que ama, o Filho é o amado e o Espírito é o amor (cf. LADARIA, 2005, p. 327). O Espírito Santo é a comunhão por excelência. É a comunhão em pessoalidade, o vínculo de comunhão interpessoal, isto é, o vínculo em Pessoa, o amor em Pessoa. Ele é a comunhão interpessoal.

Ives Congar explica em que sentido o Espírito Santo é Dom. "Certamente o Espírito só é conhecido quando existem criaturas capazes de possuí-lo e de usufruí-lo, mas Ele procede eternamente como doável e, nesse sentido, como Dom: é uma de suas propriedades e um de seus nomes pessoais. Quando Ele nos é dado, Ele nos une a Deus e entre nós" (CONGAR, 2005, p. 113).

Na mesma perspectiva do Espírito como Dom e Amor, Bruno Forte usa a categoria encontro para se referir à identidade pessoal do Espírito Santo. As Três Pessoas da Santíssima Trindade têm o amor como característica, mas o Espírito é o amor pessoal, a morada do amor, o "local" do amor e do encontro entre Pai e Filho e entre Deus e os homens. Nas palavras de Forte, ser encontro "significa, antes de tudo, a condição para a possibilidade do intercâmbio dialogal entre a gratuidade do Gerador e a gratidão do gerado, porque sem encontro não existe comunicação profunda e real" (FORTE, 2002, p. 160). Continua ele: "o encontro se caracteriza como 'pessoal' no mais elevado grau, a tal ponto que o Espírito não é simplesmente o encontro do encontrar-se eterno do Pai e do Filho, mas o encontro em Pessoa, seu amor enquanto recebido pelo Filho e doado pelo Pai" (FORTE, 2002, p. 161). Por ser o encontro em Pessoa, o Espírito revela, assim, a essência mais profunda do amor trinitário, que nunca é fechado em si mesmo, nem tampouco é fechado num relacionamento a dois, amor possessivo, mas é abertura, é saída, abre-se a um terceiro.

A fundamentação bíblica que possibilita afirmar ser Dom e Amor as propriedades pessoais do Espírito Santo encontra-se, além de outros textos, em Jo 4,10; At 2,38; 8,20; 10,45; 2Cor 13,13; Hb 6,4. Lembremos que uma dessas fórmulas é utilizada na saudação inicial da liturgia eucarística: "A graça do Senhor Jesus Cristo, o amor de Deus e a comunhão do Espírito Santo estejam com todos vós" (2Cor 13,13).

3.2 O Espírito Santo e o feminino na Trindade

O Deus revelado no Antigo Testamento não aparece apenas com traços masculinos, como juiz, guerreiro, legislador. Deus, ao povo da Antiga Aliança, revela com muita nitidez sua face amorosa, maternal, geradora de vida. O mesmo fez Jesus de Nazaré, pois o seu *Abbá* nada tem do patriarcalismo religioso que se consolidou na tradição judaico-cristã desde tempos remotos. Jesus revelou Deus "Pai maternal", Deus "Mãe paternal" que cuida e ama, protege e defende com a mesma intensidade todos os filhos e filhas. Nas parábolas por Ele descritas, cuja intenção primordial é fazer remeter a Deus e ao Reino, muitas mulheres aparecem como protagonistas nos relatos, como é o caso da Parábola da Moeda Perdida (Lc 15,8.10), das Dez Virgens (Mt 25,1-13).

No Antigo e no Novo testamentos encontramos, portanto, traços não somente nos aspectos masculinos, mas traços maternais e femininos em Deus. Não se trata de afirmar que Deus seja masculino ou feminino, atribuindo a Ele a distinção humana dos dois sexos. Deus transcende toda classificação de gênero, transcende a paternidade e a maternidade, transcende o modo humano de ser pai e de ser mãe. Deus está para além de toda classificação de gênero, ultrapassa toda definição que o ser humano a Ele atribuir. Em outras palavras, Deus não é nem feminino nem masculino, são o masculino e o feminino que se fundamentam em Deus, que é a fonte de toda vida, de toda maternidade e de toda paternidade. Gn 1,27 não titubeia: "Deus criou o ser humano à sua imagem, à imagem de Deus o criou, macho e fêmea Ele os criou". Deus está para além, é a fonte, a origem de onde tudo procede, o ministério que habita tudo. Contudo, precisamos reconhecer que a linguagem tradicional para falar de Deus foi fortemente marcada pela cultura patriarcal na qual Deus é representado exclusivamente com traços masculinos, o que é uma afronta ao amor trinitário que tudo integra e tudo harmoniza.

É a partir dessa perspectiva que no estudo da Trindade se deve ampliar o leque de visão e compreensão do mistério e pensar Deus também a partir da experiência e da realidade do feminino. Falar de Deus exclusivamente a partir do patriarcado masculino pode esconder dimensões centrais do Deus revelado por Jesus Cristo, tais como a misericórdia, o afeto, o cuidado, a acolhida. Não nos é autorizado, se formos fiéis à revelação gratuitamente a nós ofertada, monopolizar a linguagem de um gênero como se fosse o único capaz de exprimir a realidade última e transcendente de Deus, que está para além de toda definição de gênero.

Torna-se oportuno visitar algumas passagens bíblicas, dentre tantas, em que se encontram traços maternais de Deus. São passagens que remetem às entranhas maternas, à fecundidade, ao consolo, ao cuidado, à sensibilidade. "Como a mãe consola o filho, assim eu vos consolarei" (Is 66,13). "Pode uma mulher esquecer seu bebê, deixar de querer bem ao filho de suas entranhas? Mesmo que alguma esquecesse, eu não te esqueceria!" (Is 49,15). "Desprezaste o Rochedo que te gerou, esqueceste o Deus que te criou" (Dt 32,18). "Minhas entranhas! Minhas entranhas! Contorço-me de dores" (Jr 4,19). Deus é igual a uma mãe que consola (Is 66,13), que ergue a criança até junto do seu rosto (Os 11,4), incapaz de esquecer-se do filho de suas entranhas (Is 49,15), seu modo de proteger é comparado a uma galinha que ajunta seus pintinhos (Lc 13,34).

Na Trindade Santa é na Pessoa do Espírito Santo que as dimensões do feminino estão representadas, seja porque na mentalidade hebraica o Espírito é feminino[3], mas sobretudo porque tudo o que está ligado à vida, à criatividade, à geração é atribuído a Ele, como se pode notar, por exemplo, no relato da criação, em que Ele pairava sobre as águas (Gn 1,1) como que fecundando, gestando o universo (cf. BOFF, 1979, p. 105). O Espírito age como uma mãe, consola (Jo 14,26), não nos deixa órfãos (Jo 14,18).

Finalizamos a reflexão sobre a Trindade e o feminino, com a poesia de Delir Brunelli, intitulada *Parto do universo*:

> No princípio, o amor tomou conta do coração e das entranhas da Mãe Divina. Ela ficou grávida e foi gerando, em seu seio, este imenso universo. Quando chegou a hora, a Mãe Divina deu à luz o firmamento, os astros e as estrelas, os planetas e os cometas.
>
> Ao nascer a terra, suas entranhas se comoveram: "É muito bonita!", disse ela. E então chamou o sol para iluminar e aquecer esse planeta escolhido e amado. Chamou a lua e as estrelas para lhe dar mais vida e beleza.
>
> A Mãe Divina gerou a água e tornou a terra fecunda. E foram nascendo plantas pequenas e grandes, com flores e frutos. Surgiram peixes na água e pássaros no céu, animais de toda espécie nas planícies e montanhas, nos campos e florestas.
>
> E a Mãe Divina olhou para o fruto de suas entranhas e viu que tudo era muito belo, sentiu que tudo era muito bom! E quis dar à terra o maior de todos os presentes: a capacidade de amar.
>
> Por isso, gerou o homem e a mulher, à sua imagem e semelhança. Olhou para eles e disse: "Como se parecem comigo! Cresçam e cuidem da terra, façam dela uma habitação agradável".

---

3. *Ruah*, espírito em hebraico, é uma palavra feminina, e está ligado aos processos vitais.

A Mãe Divina viu que tudo era muito belo, sentiu que tudo era muito bom! E fez uma grande festa para celebrar o nascimento do mundo.

3.3 Os textos ternários no Novo Testamento

Antes de entrarmos no próximo "lugar" teológico de plena revelação da Trindade, a saber, morte e ressurreição de Jesus Cristo, serão abordados ainda neste capítulo relativo ao Espírito Santo dois temas importantes no estudo da teologia trinitária: visitaremos os textos do Novo Testamento em que aparecem juntos o Pai, o Filho e o Espírito Santo, e percorreremos o Antigo Testamento no intuito de encontrar lá caminhos e indícios que conduzam à plena revelação trinitária.

A afirmação de que Jesus é a revelação do Deus Trindade tem sido um mantra na reflexão da teologia trinitária. Por suas palavras e ações entrevemos Deus Pai, Deus Filho e Deus Espírito Santo. Nos textos sagrados do Novo Testamento encontramos uma riqueza incalculável de passagens que apontam para a relação entre o Pai e o Filho, o Pai e o Espírito, e o Filho e o Espírito Santo, e outros inúmeros textos em que as Três Pessoas divinas aparecem unidas, são citadas juntas nominalmente. Tais passagens são chamadas textos tríades, cuja principal importância teológica está no fato de rememorar a presença e a ação sempre inseparável dos Três divinos. Visitemos alguns desses textos, a começar pelos evangelhos.

Na anunciação do anjo a Maria diz o texto bíblico: "O Espírito Santo virá sobre ti e o poder do Altíssimo te cobrirá com a sua sombra; é por isso que o menino santo que vai nascer será santo e será chamado Filho de Deus" (Lc 1,35). Na cena do batismo de Jesus estão presentes o Pai, o Filho e o Espírito Santo. "E logo que Jesus saiu da água, viu os céus abertos e o Espírito descendo sobre Ele como uma pomba. E do céu uma voz dizia: 'Tu és o meu Filho amado, de ti eu me agrado'" (Mc 1,9-11; Mt 3,13-17; Lc 3,21-22).

No seu programa missionário de Jesus, quando em Nazaré Ele entra na sinagoga e lê Isaías: "O Espírito do Senhor está sobre mim, porque Ele me ungiu para anunciar a Boa-nova aos pobres; enviou-me para proclamar aos aprisionados a libertação, aos cegos a recuperação da vista, para pôr em liberdade os oprimidos, e para anunciar um ano da graça do Senhor" (Lc 4,18-19).

Na cena da transfiguração de Jesus se manifestam distintas e unidas as Três Pessoas divinas no Tabor (Mt 17,1-13; Mc 9,1-12; Lc 9,28-36), similar ao momento do batismo. "Ele estava ainda falando quando uma nuvem brilhante os envolveu e da nuvem se fez ouvir uma voz que dizia: 'Este é o meu Filho amado, de quem eu me agrado, escutai-o'".

Na promessa do envio do Espírito Santo, em ao menos duas passagens as Três Pessoas da Trindade aparecem juntas: "Se me amais guardareis meus mandamentos. Eu pedirei ao Pai, e Ele vos dará outro Paráclito, que estará convosco para sempre. Ele é o Espírito da verdade, que o mundo não pode receber porque não o vê nem o conhece" (Jo 14,15-17). "Mas o Paráclito, o Espírito Santo que o Pai enviará em meu nome, Ele vos ensinará tudo e vos trará à memória tudo quanto eu vos disse" (Jo 14,26).

Pai, Filho e Espírito Santo são mencionados conjuntamente no envio missionário, na fórmula batismal: "Então Jesus se aproximou e lhe disse: 'Toda autoridade me foi dada no céu e na terra. Ide, pois, fazei discípulos meus todos os povos, batizando-os em nome do Pai e do Filho e do Espírito Santo, ensinando-os a observar tudo quanto vos mandei. Eis que estou convosco, todos os dias, até o fim do mundo" (Mt 28,18-20).

Os textos paulinos são igualmente ricos no tocante à estrutura trinitária. "Por isso faço-vos saber que ninguém, falando no Espírito de Deus, pode dizer 'maldito seja Jesus' e ninguém pode dizer 'Jesus é o Senhor' senão no Espírito Santo" (1Cor 12,3). "Não há dúvida de que vós sois uma carta de Cristo, redigida por nosso ministério e escrita não com tinta mas com o Espírito de Deus vivo, não em tábuas de pedra mas em tábuas de carne, isto é, em vossos corações" (2Cor 3,3). "A graça do Senhor Jesus Cristo, o amor de Deus e a comunhão do Espírito Santo estejam com todos vós" (2Cor 13,13). "Porque sois filhos, Deus enviou a nossos corações o Espírito de seu Filho que clama: '*Abbá*, Pai'" (Gl 4,6). "Porque por Ele, nós, judeus e pagãos, temos acesso junto ao Pai num mesmo Espírito" (Ef 2,18). "Nós, porém, devemos dar sempre graças a Deus por vós, irmãos amados do Senhor, a quem desde o princípio Deus escolheu para salvar pela santificação do Espírito e pela fé na verdade. Por meio de nosso Evangelho, Ele também vos chamou para alcançardes a glória de nosso Senhor Jesus Cristo" (2Ts 2,13-14). "Mas quando apareceu a bondade de Deus, nosso Salvador, e seu amor para com todos, Ele nos salvou, não por causa das obras de justiça que tivéssemos praticado, mas por sua misericórdia, mediante o batismo de regeneração e renovação do Espírito Santo" (Tt 3,4-6).

Além dos evangelhos e dos escritos paulinos, outros livros sagrados também apresentam a comunhão das Três Pessoas da Trindade Santa. Hebreus: "Como escaparemos nós, se desprezarmos tão grande salvação? Ela foi anunciada primeiramente pelo Senhor, depois foi-nos confirmada pelos que a ouviram. O próprio Deus a comprovou com sinais, prodígios e vários milagres e com os dons do Espírito Santo, distribuídos segundo sua vontade" (Hb 2,3-4). Na saudação de Pedro: "Pedro, apóstolo de Jesus Cristo, aos eleitos que vivem como estrangeiros da dispersão no Ponto, Galácia, Capadócia, Ásia e Bitínia, eleitos segundo a presciência de Deus Pai na santificação do Espírito, para a obediência e aspersão do sangue de Jesus Cristo: a graça e a paz vos sejam dadas em abundância" (1Pd 1,1-2). Na Epístola de Judas: "Vós, porém, caríssimos, edificados sobre vossa santíssima fé, orai no Espírito Santo e conservai-vos no amor de Deus, esperando a misericórdia de nosso Senhor Jesus Cristo para a vida eterna" (Jd v. 20s.).

Muitas outras passagens bíblicas da tríade estão presentes nos textos sagrados[4]. O importante é perceber a consciência trinitária que perpassa todo o Novo Testamento, ainda que sem uma sistematização da doutrina da Trindade, pois vale lembrar que no Novo Testamento existe a fé na Trindade e não uma sistematização doutrinal teológica da mesma.

Outra observação relevante sobre esses textos em que Pai, Filho e Espírito Santo aparecem juntos diz respeito às ações próprias de cada Pessoa da Trindade. As ações próprias de cada Pessoa divina não nos permitem pensar que elas sejam ações isoladas. Em cada ação da economia da salvação toda a Trindade está presente, agindo sempre conjuntamente, salvaguardando o que é específico de cada Pessoa. "Atribui-se ao Pai a criação, porque Ele é dentro da Trindade o gerador e expirador (junto com o Filho); ao Filho se atribui a revelação porque Ele é na Trindade a expressão e revelação do Pai; atribui-se a Ele redenção porque foi Ele quem se encarnou e nos libertou; atribui-se ao Espírito Santo a santificação porque Ele é chamado, por excelência, o santo" (BOFF, 1986, p. 122). Ainda nas palavras de Boff, "a pericorese nos faz entender que as Três Pessoas divinas sempre agem juntas dentro da criação. Tal é a comunhão entre elas que, quando criam (o cosmo, o homem, a história), salvam, julgam, intervêm no desenrolar dos acontecimentos, agem sempre conjuntamente" (BOFF, 1986, p. 122). Podemos e devemos distinguir as ações trinitárias, mas

---

4. Há muitos outros padrões trinitários no Novo Testamento, em passagens como Rm 15,16; 15,30; 2Cor 1,21s.; Ef 1,13-14; 4,4-6; Fl 3,3; Hb 9,14; 1Pd 1,2; 4,14; Jd v. 20s.

não separá-las, o que comprometeria a comunhão profunda entre o Pai, o Filho e o Espírito Santo.

3.4 Traços trinitários de Deus no Antigo Testamento

Eternamente Deus é comunhão amorosa de Pessoas divinas. Desde sempre o único Deus é Pai, Filho e Espírito Santo. Em toda ação divina na história da criação e da salvação Deus sempre agiu do modo como eternamente Ele é, ou seja, comunitariamente, na unidade dos Três divinos, embora essa ação trinitária não pudesse ser ainda captada pela história de fé do Antigo Testamento, pois foi Jesus quem no-la revelou. Deus Trindade já estava lá, na história e na vida do povo do Antigo Testamento, no empenho libertador para com Israel, no entusiasmo dos profetas, na sabedoria dos sábios, apesar de que não fora captado ainda como Deus Trindade.

Diante de tão grande mistério de amor e verdade de fé surge a pergunta: se desde sempre Deus é Trindade, e não somente a partir do momento em que o Filho se encarnou, é possível no Antigo Testamento entrever traços trinitários de Deus? Como ponto de partida para esse legítimo questionamento é necessário frisar dois aspectos. Primeiramente, não se pode confundir não manifestação plena com ausência, isto é, embora não se tenha no Antigo Testamento a manifestação plena da Trindade não significa que o Deus que age na história de Israel é um Deus solitário, diferente do único Deus que é comunhão de Três Pessoas.

O segundo aspecto a ser recordado, como que explicitando melhor a primeira observação, é que urge sempre de novo recordar a máxima da teologia trinitária: Jesus é a porta de entrada para o mistério da Trindade, o que significa dizer que antes da encarnação do Filho de Deus torna-se difícil falar conscientemente de Deus Trindade na história do povo de Israel. Por outro lado, encontramos, sim, no Antigo Testamento passagens e afirmações preciosas que misteriosamente falam de Deus comunhão, de pessoas personificadas ao lado de Deus e distintas dele, como por exemplo o Anjo, e, nos escritos mais tardios, a Sabedoria, a Palavra e o Espírito. Todas essas passagens são relidas trinitariamente pelos cristãos, sem que isso signifique desrespeito com a herança religiosa hebraica na crença incondicional na existência de um único Deus. Toda a experiência de fé de Israel é marcada pelo monoteísmo hebraico, pela unicidade absoluta de Deus. Sem contradizer a unicidade divina, a fé cristã professa que essa unicidade divina é eternamente trinitária.

A partir de Jesus Cristo os cristãos leem o Antigo Testamento trinitariamente. Iluminados pela revelação dos Três divinos em Jesus Cristo, o cristianismo visita o Antigo Testamento em perspectiva trinitária e, ao reler aqueles textos, encontra lá traços trinos de Deus, encontra a comunhão entre os Três e o agir conjuntamente deles.

Algumas passagens no Antigo Testamento apontam para o plural em Deus. Chama a atenção o "nós" na boca de Deus em algumas ações divinas. Logo no início, em Gênesis, na criação, lemos: "Também disse Deus: Façamos o ser humano à nossa imagem e segundo nossa semelhança" (Gn 1,26). Sobre a desobediência original, diz o Senhor: "Eis que o ser humano tornou-se como um de nós, capaz de conhecer o bem e o mal" (Gn 3,22). Sobre a torre de Babel, diz o Senhor: "Eles formam um só povo e todos falam a mesma língua. Isto é apenas o começo de seus empreendimentos. Agora nada os impedirá de fazer o que se propuseram. Vamos descer ali e confundir a língua deles, de modo que já não se entendam uns aos outros" (Gn 11,6-7). O mesmo plural em Deus encontramos em Isaías: "Então ouvi a voz do Senhor que dizia: 'Quem enviarei, e quem irá por nós?'" (Is 6,8).

Três em Deus no Antigo Testamento – Alguns textos bíblicos do Antigo Testamento não somente fazem menção à outra misteriosa presença ao lado do único e eterno Deus, como também apontam para a triplicidade divina, em que as três personificações divinas aparecem juntas. Podemos encontrar tais passagens no relato da criação, em Gênesis. Encontramos nesse relato a presença de Deus, criador do céu e da terra, o Espírito de Deus que pairava por sobre as águas, e a fala ou a palavra de Deus através da qual Ele cria todas as coisas (cf. Gn 1,1-3). A mesma intuição da triplicidade no ato da criação aparece no Sl 33,6: "Pela palavra do Senhor foram feitos os céus, e pelo alento de sua boca, todos os astros". Em Provérbios, ao mencionar a obra da criação, aparecem a sabedoria e inteligência de Deus como participantes do ato criador: "O Senhor fundou a terra com inteligência, firmou os céus com inteligência" (Pr 3,19). Chama a atenção igualmente a tríplice repetição da palavra santo atribuída ao Senhor todo-poderoso (cf. Is 6,3). "Santo, santo, santo é o Senhor todo-poderoso, e toda terra está cheia de sua glória".

Outro texto muito sugestivo encontra-se em Is 11,1-2, no qual aparecem o Senhor, o Messias e o Espírito do Senhor: "Um broto sairá do tronco de Jessé, e um rebento brotará de suas raízes. Sobre ele repousará o espírito do Senhor, espírito de sabedoria e entendimento, espírito de conselho e fortaleza, espírito de conhecimento e temor do Senhor. Ele se inspirará no temor do Senhor. Não julgará pelas aparências nem decidirá só por ouvir dizer".

Ainda em Isaías nos é conhecida a passagem em que Jesus faz referência na Sinogoga de Cafarnaum. Nesse texto aparecem juntos o Messias, o Senhor e o Espírito do Senhor. "O Espírito do Senhor Deus repousa sobre mim, porque Ele me ungiu. Enviou-me para levar uma boa-nova aos pobres, medicar os corações despedaçados, proclamar aos cativos a libertação e aos prisioneiros a abertura do cárcere, para proclamar o ano da graça do Senhor e do dia da vingança do nosso Deus; para dar conforto a todos os que estão de luto" (Is 61,1-2).

Anjo do Senhor – Além das passagens que remetem ao plural em Deus, há nos textos sagrados do Antigo Testamento outras manifestações da realidade tripessoal de Deus. São personagens ou figuras que aparecem ora identificadas com Deus, ora distintas de Deus, mas sempre inseparáveis dele. A figura mais impactante é a do Anjo do Senhor.

Um grupo de passagens no Antigo Testamento que indica haver em Deus a diversidade de pessoas divinas é aquele que se refere à figura do Anjo do Senhor. No período patriarcal essa imagem aparece inúmeras vezes: em Gn 16,7-13, no diálogo com Hagar, no qual o Anjo do Senhor promete multiplicar a sua descendência; no episódio do sacrifício de Isaac, no qual é o Anjo do Senhor que impede que Abraão sacrifique seu filho (cf. Gn 22,11-18). A lista continua: O anjo fala em sonho com Jacó e se identifica com o Deus de Betel (cf. Gn 31,10-13); em Gn 32,23-32 se afirma que Jacó, ao lutar com um homem, lutou com Deus e o viu face a face; durante o êxodo, na peregrinação no deserto, na sarça ardente (cf. Ex 3,2); em Ex 14,19 o Anjo de Deus ia adiante do exército de Israel, com a coluna de nuvem; o mesmo acontece em Ex 23,20-23. Em Jz 2,1-4, o Anjo do Senhor fala como sendo o próprio Deus, aquele que tirou o povo da escravidão do Egito. Em outra passagem do Livro dos Juízes, o Anjo do Senhor, identificando-se com o Senhor, afirma que o seu nome é maravilhoso (cf. Jz 13,18).

Sabedoria, Palavra e Espírito – Nos livros mais tardios do Antigo Testamento encontram-se três imagens personificadas de Javé: a Sabedoria, a Palavra e o Espírito, que, lidos à luz da Trindade revelada na história de Jesus, são identificados com o Filho e o Espírito.

A Sabedoria aparece personificada, caminha no meio dos homens (cf. Pr 1,20-23; 8; 9,1-6; Jó 28; Eclo 24; Sb 6,12; 8,1). Ela tem sua origem na eternidade (Pr 8,22-26), é arquiteta de Deus na criação (cf. Pr 8,27-30), está presente na criação do mundo (cf. Jr 10,12; Pr 3,19; Sl 104,24). O Novo Testamento vai dizer que Jesus é a Sabedoria de Deus Pai por quem tudo foi criado (cf. Jo 1,3; Cl 1,16).

Outra imagem que indica a existência da diversidade em Deus é a Palavra (cf. Sl 119,89; 147,15s.; Sb 6,12; Is 63,10). O Sl 33,6 diz que "pela palavra do Senhor foram feitos os céus e pelo alento de sua boca, todos os astros". Em Is 55,10-11, a palavra participa do poder de Deus, transforma toda a realidade existente.

E por fim, o Espírito no Antigo Testamento está presente já logo nas primeiras linhas dos Escritos Sagrados, no relato da criação (cf. Gn 1,2), na retirada das águas do dilúvio (cf. Gn 8,1), na conservação da vida (cf. Sl 104,29-30; 51,11), nos profetas, nos líderes políticos (cf. Jz 6,34; 1Sm 16,13), é doado ao povo, renovando o coração da humanidade (cf. Ez 36,26-27). Está presente de modo todo particular no Messias que é seu portador privilegiado (cf. Is 42,1-3; 61,1-2). O Messias haveria de receber o Espírito (Is 61,1s.). No Livro de Jó recorda-se que o Espírito está presente na criação do ser humano (cf. Jó 33,4).

Feitas essas observações, é importante que se diga novamente que a teologia não pretende afirmar que nesses textos se encontram a revelação explícita da Trindade. É preciso que tais textos sejam lidos na dinâmica da progressividade da plena revelação divina. Há de se perceber que a presença dessas personificações ou imagens que remetem à unidade e à diversidade em Deus no Antigo Testamento prepara o caminho para a plena revelação trinitária em Jesus Cristo. Isso não significa que os escritos do Antigo Testamento não tenham valor em si mesmos; contudo, sua dinâmica é melhor captada se os lermos a partir da autorrevelação de Deus em Jesus Cristo no Espírito Santo, narrada no Novo Testamento (cf. BOFF, 1986, p. 60).

4
A revelação da Trindade na paixão de Jesus

A atual sociedade, marcada pelo sucesso e pela competitividade, a partir de uma "economia que mata", é nitidamente dividida entre vencedores e vencidos; entre alguns poucos "vencedores" *versus* um enorme anonimato de "vencidos" que, por não terem fixados seus nomes nas listas dos poderosos, serão esquecidos das páginas da história sem terem conquistado o "sagrado" espaço da fama, enquanto que esses, os "bem-sucedidos", vivem estampados nos jornais, revistas e páginas na internet.

Diante dessa realidade, como falar da cruz de Jesus como lugar da manifestação trinitária? É possível falar da vitória de Deus na entrega livre no Gólgota e no episódio da cruz? Pela lógica dos "vencedores" e "vencidos" deste mundo parece que não.

A reflexão nas próximas páginas quer nos impelir a ir mais fundo nesse episódio e sondar em que sentido a paixão do Filho é lugar de máxima revelação trinitária. Nela estão presentes o Pai, o Filho e o Espírito Santo. O Pai não abandonou o Filho à própria sorte para se tornar um espectador de sua dor tão grande. Jesus não foi um mártir solitário nas trevas daquela Sexta-feira Santa. O Filho esteve acompanhado pela comunhão trinitária, suportou sua dor na dor do Pai e na força do Espírito.

A Trindade é comunhão e eterna doação de vida. Em sua revelação na história, Ela chega a sua maior doação de vida em plena comunidade na história da paixão do Filho, que não foi abandono de Deus para com o Filho, mas acontecimento de profunda comunhão trinitária.

O Deus Trindade não é alheio ao sofrimento humano. O evento da cruz mostra que a Trindade se insere plenamente na vida humana, nas suas potencialidades e dores, exceto no pecado. A história do Gólgota revela que Deus exerce intensa comunhão com os crucificados de todos os tempos. No seu intenso doar-se pelos sofridos, a Trindade toca por dentro o sofrimento dos homens e mulheres ao entregar-se na cruz.

A cruz do Senhor vivenciada pela Trindade confere ao cristão um processo necessário de identificar-se com as dores de todos os sofredores. Esta compaixão pela dor do outro é iluminada pela história da paixão do Filho e palavras de diversos teólogos, de modo especial pelo Papa Francisco, que convida a Igreja a vencer a "cultura da indiferença". Portanto, este capítulo quer ser uma busca por perceber o protagonismo da Trindade no evento da cruz, bem como as consequências desse modo de ser divino (comunitário) e suas inspirações para o contexto social e eclesial atual.

4.1 As entregas trinitárias na paixão do Filho

Toda a existência terrena de Jesus foi vivida na radical e incondicional entrega e doação a Deus e à humanidade. No evento da paixão essa entrega ganha expressões ainda mais profundas. Na paixão, a entrega de Jesus e de toda a Trindade atinge o nível de máxima radicalidade. É nesta perspectiva que são narradas nos relatos da paixão três entregas trinitárias. As últimas horas que antecederam à morte de Jesus são marcadas pela dinâmica misteriosa das entregas trinitárias. São elas: a entrega que o Filho faz de si, a entrega que o Pai faz do Filho, e a entrega do Espírito.

Às entregas trinitárias antecedem outras entregas, humanas e históricas, não expressões do amor trinitário, mas fruto do pecado humano, da recusa do Reino. Os mesmos relatos evangélicos relatam três entregas históricas, humanas, que são a entrega de Jesus às autoridades políticas e religiosas para ser crucificado. Judas Iscariotes, um dos Doze, entregou Jesus aos líderes religiosos do Sinédrio (cf. Mc 14,10), que por sua vez, após concluir a acusação e sentença, o entregam a Pilatos, representante de César (cf. Mc 15,1). Pilatos entrega Jesus para que seja crucificado (cf. Mc 15,15). A decisão do Sinédrio foi ratificada pelo processo político (procurador romano). As acusações de ordem religiosa são transformadas em difamações de ordem política. Essas são entregas covardes, motivadas pelo ódio, que evidenciam sem rodeios os motivos históricos da morte do nazareno, que "passou por toda a parte fazendo o bem" (At 10,38). Jesus não morre porque assim o Pai quis, mas porque foi uma ameaça ao sistema político e religioso vigente. Jesus morre condenado por duplo tribunal, religioso e político. Sofreu o castigo dos escravos e subversivos, segundo a lei romana[5].

Jesus com toda a certeza viveu com consciência de que a morte violenta, o martírio, era para Ele uma possibilidade muito real e próxima, pois seu modo de vida, seu profetismo era quase que impossível não lhe reservar tal destino. Ele tinha plena consciência de que suas opções poderiam levá-lo à morte. O mesmo acontece com tantos homens e mulheres de ontem e de hoje que enfrentam o sistema dominante. A morte de Jesus segundo os evangelhos foi sendo gestada aos poucos. Todos os sinóticos descrevem cenas em

---

5. "Naquele tempo a crucificação era considerada a execução mais terrível e temida. Flávio Josefo a considera a morte mais miserável de todas e Cícero a qualifica como suplício mais cruel e terrível. Eram três os tipos de execução mais ignominiosa entre os romanos: agonizar na cruz (*crux*), ser devorado pelas feras (*daminatio ad bestias*) ou ser queimado vivo na fogueira (*crematio*)" (PAGOLA, 2008, p. 464).

que Jesus aparece correndo risco de vida por diversos motivos, o que desautoriza qualquer interpretação sobre a cruz de Jesus que vá na linha da morte como vontade de Deus, como se o Pai desejasse a morte de seu Filho. Quanto mal fez ao cristianismo aquelas interpretações sacrificialista e expiatória da morte de Jesus, através da qual se veiculou a ideia de um Deus sanguinolento, castigador e violento. O "Deus quis" a morte do Filho relativiza a historicidade de Jesus, sua prática do Reino, enfim, relativiza a encarnação.

Voltemos às entregas trinitárias, não aquelas que são fruto do pecado humano, como as acima descritas, mas as entregas solidárias, obedientes, salvíficas, eco do amor trinitário que reina entre os Três divinos.

a) O Filho se entrega

Nos últimos dias de sua vida, Jesus toma a firme decisão de ir a Jerusalém, ciente do perigo da morte iminente. Não procura a morte, mas também não foge dela. Entrega-se livremente[6]. "O abandonado pelos homens é, na verdade, aquele que se abandona" (FORTE, 2003, p. 63).

Ele entrega sua vida como expressão radical de seu amor e sua fidelidade ao Pai e aos homens. Jesus se entrega totalmente à vontade de Deus. Abandona-se plenamente nas mãos de seu *Abbá*. "O Pai me ama porque dou minha vida para de novo a retomar. Ninguém a tira de mim. Sou eu mesmo que a dou. Tenho o poder de dá-la e o poder de retomá-la" (Jo 10,17-18). Ele livremente se

---

6. "Jesus não corre atrás da morte, mas tampouco se esquiva dela. Não foge diante das ameaças; mas também não modifica sua linguagem, não a adapta nem suaviza. Ele poderia facilmente ter evitado sua morte. Teria bastado calar-se e não insistir naquilo que podia irritar no templo ou no palácio do prefeito romano. Jesus não o fez. Continuou seu caminho. Preferia morrer a trair a missão para a qual se sabia escolhido. Atuaria como filho fiel ao seu pai querido. Manter-se fiel não era só aceitar um final violento. Significava ter que viver dia a dia num clima de inseguranças e confrontos" (PAGOLA, 2008, p. 417).

entrega por amor a nós e pelo Reino (cf. Gl 2,20), como oferenda agradável (cf. Ef 5,2). É no Espírito que o Filho se entrega (cf. Jo 19,30; Hb 9,14).

A livre-entrega de Jesus é entrega salvífica, pois tem na sua essência o sentido de fidelidade a Deus e de solidariedade a todos os crucificados da história. As primeiras comunidades cristãs já intuíram o caráter salvífico da entrega de Jesus por nós: "Porque há um só Deus e um só mediador entre Deus e a humanidade, um homem: Cristo Jesus, que se entregou em resgate de todos por nós" (1Tm 2,6). Continua o apóstolo: "Ele entregou-se por nós a fim de nos resgatar de toda iniquidade e purificar para si um povo exclusivamente seu e zeloso na prática do bem" (Tt 2,14).

A autoentrega de Jesus na cruz não é sem sentido. O Filho fez de sua morte não uma perda, mas uma fiel expressão daquilo que foi sua vida: pró-existência, doação plena. Na entrega que Jesus faz ao Pai na paixão está contida todas as entregas que impulsionaram sua vida. Nada reteve para si. Tudo o que fez em toda sua vida foi viver na mais plena doação. Trata-se de uma entrega humanista, ética, mas acima de tudo teológica: "Quem quiser salvar a sua vida, vai perdê-la. E quem perder a sua vida, a salvará" (Jo 12,25). Jon Sobrino nos ajuda a melhor entender esse mistério de doação incondicional. "Jesus não diz propriamente em que consiste o sentido de sua morte, mas afirma que sua morte não é para Ele um sem-sentido, pois não anula sua esperança – que formula, além disso, em termos de Reino de Deus –, o que é coerente com sua confiança depositada no Pai" (SOBRINO, 1994, p. 297).

b) O Pai entrega seu Filho

Além da entrega que Jesus fez de si, a paixão da cruz revela a entrega que o Pai fez do próprio Filho, expressão de seu infinito e incondicional amor pela humanidade. "Aquele que não poupou o próprio Filho mas o entregou por todos nós, como não nos dará também com Ele todas as coisas?" (Rm 8,32). A cruz é mistério de entrega do Filho pelo Pai. "Deus amou tanto o mundo que entregou o seu Filho único, para que todo aquele que nele crer não morra mas tenha a vida eterna" (Jo 3,16). Iluminado por essas passagens bíblicas, Moltmann diz que "o Pai abandona o Filho 'por nós', isto é, Ele o entrega para tornar-se Deus e Pai dos abandonados. O Filho é entregue à morte para tornar-se o irmão e salvador dos condenados e amaldiçoados" (MOLTMANN, 1993, p. 237).

Deus não poupou seu próprio Filho do destino que seus adversários lhe impuseram, e nisso está a maior prova de amor por cada um de nós. Ao entregar o Filho, o Pai também se entrega. Ao ver o Filho sofrer, o Pai participa do sofrimento da cruz. Nesse sofrimento Deus assume nossa dor, mostra-se solidário com todo gênero humano, é companheiro de todos os crucificados da história. Junto ao inocente da cruz está o Deus da cruz, Deus solidário, e não um deus juiz distante e espectador da dor humana. Ao lado do inocente que morre na cruz injustamente está o Deus "com-paixão", aquele que é capaz de fazer sua a dor do mundo (FORTE, 1991, p. 40).

Nesta radical entrega, Deus se revela quem Ele é, qual sua essência: amor (cf. 1Jo 4,8). É aquele que ama o ser humano, numa entrega total para que ninguém se perca (cf. Jo 3,16). No Filho, é Deus mesmo que se entrega aos pecadores e às vítimas do pecado. Deus se entrega no seu Filho, não por uma prepotência divina sobre o Filho, mas enquanto este radicaliza, como seu, o querer do Pai. Nem sua vida nem sua morte lhe pertencem; elas pertencem ao Pai.

c) A cruz é entrega do Espírito

A cruz é também entrega do Espírito, que está presente na cruz. Aquele que foi ungido com o Espírito, aquele que é o ungido do

Pai (At 10,38), na hora da cruz entrega a unção, ou seja, entrega o Espírito ao Pai. "'Tudo está consumado!' E, inclinando a cabeça, entregou o Espírito" (Jo 19,30b). Aquele que acompanhou Jesus durante toda sua vida é agora entregue ao Pai na hora da cruz. O Espírito se deixa entregar.

A cruz é, portanto, história da entrega trinitária de Deus. A Sexta-feira Santa marca a entrega do Pai, do Filho e do Espírito Santo. É o dia em que o Filho se entrega ao Pai, o Pai entrega o Filho, e nesse ato também se entrega. A Sexta-feira Santa, segundo Bruno Forte, "é o dia em que o Espírito é entregue pelo Filho a seu Pai, para que o Crucificado fique abandonado, distanciado de Deus, em companhia dos pecadores" (FORTE, 1997, p. 36).

Na entrega do Espírito se dá a misteriosa "morte em Deus", momento de máxima dor trinitária, em que o Filho entra no mundo dos amaldiçoados e exilados para redimir a todos, como bem afirma São Paulo: "Cristo nos remiu da maldição da Lei tornando-se maldição por nós, porque está escrito: Maldito todo aquele que é suspenso no madeiro" (Gl 3,13). Para Bruno Forte, "O silêncio do Pai diante do Filho que morre é a 'morte de Deus' sobre a cruz; ou melhor, a revelação da cruz como 'morte em Deus'. O Filho morre, dilacerado no mais profundo de seu coração pelo afastamento do Pai; o Pai 'morre', porque 'entrega' dolorosamente o Filho, como um dia Abraão 'entregou' Isaac; o Espírito está presente no silêncio, 'entregue' pelo Filho ao Pai no instante supremo na cruz" (FORTE, 1985, p. 287).

Enfim, a cruz é a mais alta expressão do amor kenótico e da fidelidade divina que dinamiza a vida de Deus. Deus é amor, todo amor é entrega. No amor de Deus a entrega é radical e total. A cruz é demonstração do amor de Deus Trino por cada pessoa em particular, sobretudo pelos crucificados e injustiçados desse mundo. "A 'entrega' dolorosa é o supremo inclinar-se dos Três para o homem: é o sinal 'finito' do despojamento 'infinito' de seu amor por nós" (FORTE, 1985, p. 294).

4.2 A paixão do Filho e o sofrimento em Deus

A história da cruz de Jesus tem gerado no cristianismo e fora dele profundas e angustiantes perguntas existenciais. Onde estava Deus diante da morte de seu Filho, e diante da morte de tantos outros crucificados da história? Por que Deus não interveio na morte de seu Filho? O que fez Deus Pai diante do sofrimento do seu Filho amado? Essas e outras não são perguntas periféricas, mas questões honestas que brotam do âmago da existência quando confrontada com a dor humana e com o mistério do mal.

Importa dizer que essas perguntas não acontecem fora de Deus, ou seja, a cruz é história não só de Deus com a humanidade, mas um evento em Deus mesmo, entre Deus e Deus. Na cruz, toda a Trindade é afetada pela dor da morte do Filho. A teologia latino-americana, juntamente com alguns outros teólogos não latinos, com muita propriedade e com tom profético tem afirmado que Deus está crucificado. "O sofrimento afeta também a Deus. Deus está crucificado" (SOBRINO, 1983, p. 354). Estamos diante do inexplicável rebaixamento divino, a ponto de fazer-se pecado, assumir em si o mais negativo que possa existir, o pecado e a morte. "Aquele que não conheceu o pecado, Deus o fez pecado por nós, para que nele fôssemos justiça de Deus" (2Cor 5,21).

Entramos, assim, num dos acontecimentos de maior relevância no tocante à revelação trinitária: a teologia da cruz. Por sua profundidade teológica e por sua incidência na realidade atual, marcada por tantos sofrimentos, o tema do sofrimento em Deus necessita ser melhor aprofundado. A teologia da cruz quer superar aquela imagem passiva da divindade, oriunda dos filósofos gregos, para os quais Deus é impassível, não se deixa afetar pelo sofrimento alheio.

Para o pensamento grego era inconcebível a existência da pluralidade, do movimento, do sentimento na divindade. A divindade grega é imutável, impassível, apática. Essa foi a imagem de Deus predominante no cristianismo por dezenas de séculos, por influência do pensamento acima descrito[7]. Tal visão religiosa não condiz com o Deus revelado em Jesus Cristo, nem mesmo com o Deus da tradição veterotestamentária. Já no Antigo Testamento o Deus bíblico é compassivo, escuta os clamores do seu povo, é tocado pelo sofrimento do seu povo (cf. Os 11,1-11).

Houve muitas tentativas equivocadas ao longo da história de responder à pergunta pelo sofrimento em Deus. No esforço de conciliar onipotência divina com o sofrimento na cruz, no Getsêmani, entrou-se por caminhos estranhos e contrários ao rosto de Deus revelado por Jesus Cristo: Jesus sofre, mas não é Deus (adocionistas, arianos). Jesus é Deus mas não sofre (docetistas), ou seja, o que aconteceu na cruz não afeta a Deus, pois Ele permanece imune a toda crueldade que aí aconteceu.

Deus, que é onipotente no amor, não está alheio à dor, participa do sofrimento do Filho unigênito e de todos os filhos. O teólogo alemão Moltmann tem sido um dos nomes não latinos que mais contribuiu na teologia contemporânea sobre o tema do sofrimento em Deus. Para Moltmann, e outros teólogos, a morte na cruz é "morte em Deus". Deus participa dessa morte, sofre a morte

---

7. "O cristianismo antigo, ao procurar inculturar-se no mundo grego, descobriu o conceito de apatia, *aphatia*, significando fisicamente imutabilidade; psiquicamente, insensibilidade; eticamente, liberdade. Aplicado a Deus, passou a enfatizar sua bondade, concebendo-o como perfeito, sem necessidade, suficiente, sem amar ou odiar, sem conhecer ira ou graça, plena liberdade, sem ser afetado pelo sofrimento de suas criaturas. O Deus do Antigo Testamento, marcado pela ira, pelo ciúme, cheio de amor pelo ser humano, ficou esquecido. A filosofia grega refletiu como inadequado ao conceito de Deus a mutabilidade, a pluralidade, o movimento e o sofrimento. A substância divina seria impassível, caso contrário não seria divina, imóvel, una e autossuficiente, tornando-se oposta ao mundo móvel, sofredor e disperso" (MOLTMANN, 2011, p. 36).

do Filho, como dor profunda e entrega radical. O que parece ser um paradoxo é, na verdade, expressão de amor incondicional que pulsa no coração da Trindade Santa.

O mistério do sofrimento em Deus tem-se chamado de "*pathos* divino". O parágrafo a seguir sintetiza seu significado mais profundo.

> A cruz não é tão somente um evento da história deste mundo. O crucificado que morre abandonado não é mais um pobre e humilhado, que agoniza nos estertores da dor humana: Ele morre nos braços de Deus. A sua morte não é a ateia "morte de Deus", e sim a "morte em Deus", isto é, a Trindade divina foi profundamente atingida no seu mistério de Pai, de Filho e de Espírito, pelo evento que se realiza no silêncio da Sexta-feira Santa. A fé cristã não professa um Deus impassível, espectador da dor humana lá do alto de sua infinita distância, mas um Deus *compassionato*, como dizia o italiano do século XIV, isto é, um Deus que, tendo amado sua criatura e aceito o risco da liberdade dela, a amou até o fim. É este amor "até o fim" (Jo 13,1) que explica a vergonha e a dor infinita da cruz (FORTE, 1999, p. 54).

Portanto, aquela imagem do Deus apático e indiferente à dor alheia é superada com a cruz do Filho na qual Deus se revela compassivo e solidário a todos os crucificados. Não o Deus apático dos gregos, mas o Deus compaixão de Jesus Cristo é que revela o amor trinitário. O *pathos* de Deus decorre de sua grandeza infinita do amor que sofre por estar envolvido com o outro. O sofrimento intratrinitário que afeta a vida interna de Deus é dor causada pela infinita capacidade de amar. Deus sofre não por carência ou por limitação do ser, como sofrem as criaturas, mas pela abundância de seu infinito amor (cf. MOLTMANN, 1997, p. 47).

Por ser um Deus apaixonado, envolvido com a história de seu Filho Unigênito e com a história de cada pessoa, Ele sofre as consequências do amor, sofre pela onipotente capacidade de amar. Por isso, o sofrimento em Deus Trindade não pode ser comparado como o do ser humano, o qual se situa na linha da carência, do pecado e da imperfeição. Deus sofre não por carência de algo ou por imperfeição, mas pela superabundância do seu amor. Deus sofre por solidariedade e por envolvimento no amado. Nas belas palavras de Susin,

> Há o sofrimento da condição de criaturas, que desumaniza, que amargura e ameaça com morte; e por isso é sofrimento que precisa ser socorrido, curado, superado. Mas há o sofrimento da compaixão: do amor do amante que sofre com o sofrimento do amado, que assume para si o sofrimento do outro, que, de certa forma, absorve, encarrega-se do amado que está sofrendo. É o sofrimento que se solidariza, que não deixa o outro naquilo que o sofrimento tem de pior, a solidão. E dessa forma transfere para si a carga do outro, transferindo para o outro a sua energia, consolando-o saudável e fortalecido (SUSIN, 2003, p. 66).

É a partir de sua transcendência que Deus sofre. Trata-se de um sofrimento a partir de dentro. Se professamos na fé que Deus é amor, na perfeita intuição de São João, então temos que estar abertos a aceitar igualmente as consequências desse amor na vida de Deus. Admitir em Deus a capacidade infinita de amar significa admitir as consequências desse amor.

O conceito de onipotência divina sofre uma mudança radical a partir da cruz. O Deus de Jesus Cristo que, na liberdade e no amor assume em si a cruz, só pode ser um Deus desprovido de poder, poder aqui entendido como força déspota, capacidade de passar por cima da liberdade de seus amados. Sua onipotência está na capacidade de ir até as últimas consequências por amor e fidelidade, de assumir para si as feridas alheias. Sua onipotência está na kênosis, na fragilidade salvífica. Na fragilidade do corpo do Filho encontramos o poder salvador trinitário. A onipotência de Deus está em seu amor compaixão, amor entrega, amor envolvimento no amado, como eloquentemente revela a história da cruz do Filho. Na verdade, o próprio conceito de Deus sofre uma revolução:

> A consideração teológica da morte de Jesus leva a reformular em primeiro lugar todas as concepções de Deus; e este seria o primeiro efeito da cruz: romper o interesse do homem ao perguntar pela divindade e, indiretamente, ao perguntar por sua realidade de homem. Compreender a Deus no crucificado, abandonado por Deus, exige uma "revolução no conceito de Deus..." Diante do grito de morte de Jesus para Deus ou a teologia se torna impossível ou se torna possível só como teologia especificamente cristã (SOBRINO, 1983, p. 231).

4.3 O grito do abandono de Jesus na cruz: na mais radical distância, a mais profunda comunhão

No grito do abandono de Jesus na cruz, "Deus meu, Deus meu, por que me abandonastes?" (Mt 27; 46; Mc 15,34) está a mais profunda experiência do abandono que alguém possa ter feito com Deus. A dor do abandono que o nazareno sofreu foi real, e não aceita malabarismo espiritual ou teológico. A angústia é clara, a solidão é verdadeira: "A minha alma está triste até a morte" (Mc 14,34).

O angustiante grito de Jesus não diz respeito tão somente à dor física da humanidade de Jesus. Houve a dor do homem Jesus, mas o que está em primeiro plano é a dor teologal do Filho experimentada pelo abandono do Pai. É o Filho amado, o unigênito quem se sente abandonado pelo seu Pai, *Abbá*. Aquela comunhão profunda, amorosa e única, expressa por Jesus na linguagem familiar e íntima do *Abbá*, paizinho, e expressa pelo Pai na frase "meu Filho amado" parece ter sido rompida. O Filho está só nessa solidão, abandonado não somente pelos seus discípulos que fogem com medo, mas, sobretudo, pelo Pai, seu Deus, que esteve tão próximo durante toda sua vida a ponto de Jesus dizer "Eu e o Pai somos um", e agora o entrega nas mãos dos adversários. Aquela pergunta existencial "onde está Deus?" que brota muitas vezes do mais profundo da experiência do negativo no humano se deu no coração do Filho amado.

O pedido profundo de Jesus no auge da dor, quando diz "*Abbá*, Pai, tudo te é possível: afasta de mim este cálice" (Mc 14,36) revela o real distanciamento e a real dor sentida pelo Filho no calvário. Observa-se que Marcos utiliza o mesmo vocábulo familiar que Jesus usou na relação com seu Deus: *Abbá*, Pai. Isso corrobora, portanto, que quem o abandona não é um Deus qualquer, mas o Deus que o acompanhou em cada momento. Quanto maior foi a intimidade na vida entre os Dois tanto maior foi a dor da distância entre Eles na cruz. Na interpretação de Moltmann, a dor do cálice é esse dar da distância, do afastamento do Pai sofrido pelo Filho. "O abandono de Deus é o 'cálice' que dele não passa" (MOLTMANN, 2011, p. 89). Na morte do Filho está em jogo a vida interior da Trindade, de tão real, intensa que é o sofrimento, morte do Filho. Na descida ao inferno o Filho perde de vista o Pai, e o Pai perde de vista o Filho.

O Pai também experimentou essa terrível solidão, porque de certo modo perdeu o Filho. Deus Pai experimentou em seu ser o mistério do sofrimento e da morte ao participar da agonia do Filho, revelando assim seu amor sacrificial. Perder o Filho é uma dor inexplicável, ainda mais quando a morte é fruto da covardia humana. Que o diga o drama de tantas mães e pais que têm seus filhos ceifados, sobretudo pela violência e pelo tráfico.

No mistério das relações trinitárias na paixão, a separação do Pai e do Filho tem outro lado revelador da comunhão do Deus Trino. A cruz não é somente distanciamento "entre Deus e Deus". Na dor do Filho, Pai e Filho estão unidos na mais profunda e radical unidade. O silêncio do Pai revela a mais profunda solidariedade e compaixão que reina no mais íntimo da realidade trinitária. Trata-se do silêncio compromissado, da união e solidariedade, onde cada Pessoa experimenta, por amor e compaixão, a radicalidade dessa dor. O Pai, calado, mas não ausente, é presença eloquente no silêncio da dor e do amor. Deus Pai está aí, kenoticamente, junto à cruz, em sua onipotência de amor, assumindo a história do Filho e, nele, a nossa história.

A própria entrega do Filho revela a profunda comunhão entre Eles. A entrega de Jesus é obediente e fiel ao Pai, Ele é o servo que foi "obediente até a morte, até a morte numa cruz" (Fl 2,8). Portanto, cruz é sinal de plena comunhão com seu Pai.

Novamente é Moltmann quem elucida o mistério de comunhão plena: "No abandono divino de Cristo, Deus sai de si mesmo, deixa seu céu e está presente em Cristo para chegar a ser o Deus e Pai dos abandonados. Cristo morre exclamando a Deus, por quem se sente abandonado. Onde está Deus nos acontecimentos do Gólgota? Está em Cristo que morre" (MOLTMANN, 1997, p. 37).

A separação e a dor são suportadas e vencidas no Espírito. No Getsêmani, o Espírito divino está atuante, é Ele que possibilita a resposta do Filho ao Pai: "Não seja o que eu quero, mas sim o que Tu queres". E é no Espírito que o grito do abandono e o silêncio do Pai se convertem na mais profunda comunhão. É o Espírito quem sustenta a dor da distância ao mesmo tempo em que une o crucificado e o Pai. Presente em todos os momentos da vida de Jesus, o Espírito não agiria diferente no calvário.

O silêncio do Pai na cruz não é ausência, mas a mais profunda presença. O Espírito é aquele que na cruz mantém o colóquio silencioso, doloroso e fiel entre o Pai e o Filho. Susin melhor nos ajuda a perceber a presença do Espírito na distância que se torna a comunhão entre Pai e Filho. "No Jordão e na montanha foi o Pai que falou e o Filho escutou, levando a Palavra de Deus a todos. No Getsêmani, o Filho fala e clama, e o Pai permanece num silêncio abismal, sem afastar o cálice amargo. Abre-se assim um buraco imenso entre o Pai e o Filho, abismo suportado no Espírito para que todos os buracos cavados pela violência humana e todos os abismos de dor e solidão entrem na Trindade e sejam regenerados pela compaixão de Deus" (SUSIN, 2003, p. 68).

Na mais profunda separação está a mais intensa comunhão. Esse é o mistério paradoxal que há na história da paixão de Jesus. A resposta do Pai ao Filho, segundo a meditação de Moltmann, tem essas palavras: "Abandonei-te por um breve instante para te tornares o irmão dos homens desamparados e para que em tua comunhão nada mais pudesse separar qualquer pessoa de nosso amor. Não te abandonei eternamente, mas estive contigo em teu coração" (MOLTMANN, 1993, p. 246)[8].

4.4 O fecundo silêncio da solidariedade: a Trindade e o sofrimento humano

A cruz é um dos elementos centrais, constitutivos do mistério de Cristo, e do anúncio do kerigma, pois é expressão do Deus que morre livre e gratuitamente por amor. A cruz representa o amor de Deus pela humanidade. O projeto de Jesus não escolheu o poder para se manifestar, mas a "loucura da cruz" (1Cor 1,18-

---

8. "Na cruz, Pai e Filho estão separados a ponto de se interromperem suas relações. Jesus morreu "sem Deus". Ao mesmo tempo, Pai e Filho estão tão unidos na cruz que chegam a representar um só movimento de entrega. Ao Gólgota se aplica de modo especial o dito: "Quem vê o Filho, vê o Pai" (Jo 14,9). A Epístola aos Hebreus expressa este fato dizendo: "Cristo se sacrificou a Deus pelo Espírito eterno" (*dia pneumatos aioniou* – Hb 9,14). [...] A entrega do Pai e do Filho acontece pelo "Espírito". O Espírito Santo é unificador na separação, Aquele que une a união original vivida e a separação do Pai e do Filho sofrida na cruz" (MOLTMANN, 1993, p. 239).

25). São Paulo apóstolo sentiu bem de perto a incompreensão do anúncio da cruz. Tanto para os judeus como para os gregos ela carecia de sentido, é loucura. Os judeus queriam sinais portentosos de Deus; os gregos buscam veementemente a sabedoria, o conhecimento. Na cruz de Jesus não era possível encontrar nem um nem outro aspecto.

Ainda hoje a verdade salvífica da cruz, não a cruz por ela mesma, mas por ser expressão do amor divino, contrasta radicalmente com a atual tendência religiosa em voga, cuja tendência é apresentar um Cristo que não passou pela cruz. Sem a cruz o anúncio do Evangelho se torna vazio, e resulta disso uma compreensão mágica de salvação. A ênfase no Cristo glorioso, que pulou a etapa do serviço e de suas consequências que o levaram à cruz, distancia o cristianismo e os cristãos do seguimento e do discipulado. Tudo isso acarreta o perigo de uma evangelização sem as marcas dos pregos, que conduz inevitavelmente ao triunfalismo eclesial; e quando a evangelização é marcada pelo triunfalismo, então já não é mais a Igreja do crucificado.

Se Deus toca por dentro o mistério do sofrimento na morte do Filho, então não nos resta dúvidas de que a Trindade alcança todos os sofredores do mundo. A máxima da teologia patrística, segundo a qual "o que não foi assumido não é redimido" alcança na cruz a mais profunda verdade e é prenhe de esperança para toda a humanidade nos seus sofrimentos e nas suas cruzes cotidianas. Não há nada, nenhuma situação humana, por mais dolorosa que seja, que não seja tocada e redimida por Deus. A Trindade, afetada pela cruz, toca por dentro todo sofrimento humano.

Na crucificação do Filho, silenciosamente Deus alcança as dores de todas as vítimas do mundo. Na história da cruz Deus se revela como Pai de todos os crucificados e sofredores, Jesus confirma ser o irmão de todos os que padecem e o Espírito, por sua vez, age como a força que conduz os desesperançados. Na presença silenciosa, Deus assume a causa de todos os marginalizados da história. A dor não lhe é indiferente, Ele a assume no seu amor de Pai todas as cruzes para que todos os crucificados sejam salvos e libertos.

O *pathos* de Deus é, portanto, prenhe de esperança humana, a dor na Trindade se abre à dor da humanidade, se revela como dor solidária para com todas as vítimas deste mundo. Esta é a mais perfeita expressão do significado de onipotência divina. O autossacrifício do amor constitui a eterna essência de Deus. É nesta perspectiva que devemos entender a afirmação da fé cristã de que a cruz de Jesus Cristo é salvífica: a cruz é salvífica porque é expressão do amor trinitário que carrega consigo todas as cruzes. Mas não só: torna-se esperança e força de superação de toda dor e de toda injustiça.

4.5 Descer da cruz os crucificados

O Deus no qual os cristãos creem não é apático, indiferente à dor humana. Ele é o Deus crucificado, movido pela paixão e pela solidariedade. A história do Deus crucificado nos interpela, enquanto pessoas marcadas pela fé, ao compromisso libertador dos crucificados deste mundo, dilacerados pelo sofrimento e pela injustiça. O Deus crucificado é aquele que nos convoca a nos colocarmos ao lado das vítimas deste mundo. A teologia latino-americana tem o compromisso de nos motivar permanentemente a essa convocação divina, ao compromisso de descer da cruz os crucificados da história, sobretudo os pobres. A indignação de Leonardo em seu livro *Paixão de Cristo, paixão do mundo* é sempre atual: Como pregar a cruz de Jesus num mundo de crucificados? (cf. BOFF, 1977, p. 127). Com outras palavras, como falar de Deus que morreu por amor sem o compromisso com as vítimas do hoje da história?

A cruz sempre será símbolo da solidariedade, de denúncia contra toda indiferença e injustiça. Cremos num Deus que chora com os que choram, se alegra com os que se alegram, e quem o segue não pode escolher outro caminho diferente desse. Jesus Cristo não veio apresentar teorias sobre o sofrimento humano, mas gastou suas energias no empenho salvífico para eliminar todos os tipos de cruzes.

O Papa Francisco é hoje a voz mais contundente e a mais coerente na defesa dos injustiçados. O novo humanismo que ele propõe vai na raiz das questões antropológicas, sociais, econômicas, eclesiais, ecológicas. Emblemáticas ficaram sua denúncia contra a "globalização da indiferença", sua convocação para ir às "periferias existenciais e geográficas", seu apelo à Igreja ser "hospital de campanha", o "não à economia que mata", "uma Igreja pobre para os pobres" (*EG* 198) etc.

Se há no mundo muitos gestos de solidariedade, cresce assustadoramente a cultura da indiferença que deixa as pessoas insensíveis à dor do outro. A idolatria ao mercado e ao sucesso torna cada vez mais o ser humano insensível aos sofrimentos das pessoas. Viver sem compaixão é o grande mal da atual sociedade. Os discursos fascistas, autoritários, revelam a incapacidade cruel de colocar-se no lugar do outro.

"Onde está teu irmão?", foi a pergunta norteadora da homilia do Papa Francisco na missa pelas vítimas dos naufrágios, em sua visita a Lampedusa. "Onde está o teu irmão? A voz do seu sangue clama até mim", diz o Senhor Deus. Esta não é uma pergunta posta a outrem; é uma pergunta posta a mim, a ti, a cada um de nós. Estes nossos irmãos e irmãs procuravam sair de situações difíceis, para encontrarem um pouco de serenidade e de paz; procuravam um lugar melhor para si e suas famílias, mas encontraram a morte. Quantas vezes outros que procuram o mesmo não encontram compreensão, não encontram acolhimento, não encontram solidariedade! E as suas vozes sobem até Deus!" Continua o papa: "A cultura do bem-estar, que nos leva a pensar em nós mesmos, torna-nos insensíveis aos gritos dos outros, faz-nos viver como se fôssemos bolas de sabão: estas são bonitas mas não são nada, são pura ilusão do fútil, do provisório. Esta cultura do bem-estar leva à indiferença a respeito dos outros; antes, leva à globalização da indiferença. Neste mundo da globalização, caímos na globalização da indiferença. Habituamo-nos ao sofrimento do outro, não nos diz respeito, não nos interessa, não é responsabilidade nossa!" (PAPA FRANCISCO. Homilia na missa da viagem a Lampedusa).

O compromisso teológico e ético de descer da cruz os crucificados, em tudo aquilo que isso significa, só é possível se for movido por um princípio, o da misericórdia. É essa a grande intuição de Jon Sobrino. A misericórdia, que é uma realidade decisiva para o cristianismo, é acompanhada pela práxis, não a assistencialista, mas a que questiona e denuncia as estruturas de pecado e que aponta os sinais de morte e suas causas. A expressão de Sobrino, "princípio misericórdia", revela o verdadeiro sentido da misericórdia cristã.

"Princípio misericórdia" é o único capaz de fazer frente à atual cultura da indiferença e do descartável, sobretudo o descarte dos pobres, que o deus mercado produz. Pela expressão "princípio misericórdia", em tudo aquilo que isso significa, Sobrino quer evitar mal-entendidos que possam estar presentes na compreensão de misericórdia. Esta é um princípio porque não é uma característica a mais do ser humano, ao lado de tantas outras. Não se trata de exercícios das obras de misericórdia, mas daquela atitude amorosa fundamental diante da dor alheia capaz de provocar uma re-ação para eliminar o sofrimento do outro, como mostra com clareza o episódio do bom samaritano.

Jesus é o bom samaritano. Misericórdia foi o princípio estruturante da vida de Jesus. A Igreja, chamada a ser "perita em humanidade", deve ser movida por esse mesmo princípio, fazer-se kenótica, capaz de descer ao chão da dor das cruzes da humanidade. Para tanto, algumas posturas são necessárias, a começar pela descentralização, isto é, ser uma Igreja descentralizada, que se coloque no lugar do outro, o que nem sempre é fácil, pois as tentações que a rondam não são poucas. Uma Igreja que age a partir do "princípio misericórdia" deve estar disposta ao conflito. "A Igreja da misericórdia deve, [...] estar disposta a perder a fama no mundo da antimisericórdia; deve estar disposta a ser 'boa', mesmo que por isso a chamem 'samaritana'" (SOBRINO, 1994, p. 44). Vale lembrar que, no tempo de Jesus, ser chamada de samaritana nada tinha de elogio.

É premente que a Igreja se manifeste explicitamente, através das ações e palavras, de que lado está. A opção preferencial pelos pobres, pelos mais vulneráveis em todos os aspectos é questão de fé para a Igreja e para todos que creem que o ressuscitado é o crucificado. "Há que afirmar sem rodeios que existe um vínculo indissolúvel entre a nossa fé e os pobres" (*EG* 48).

5
A revelação da Trindade na ressurreição de Jesus

Após termos perscrutado o modo como a Trindade se revela na Paixão de Jesus Cristo, entraremos num outro lugar teológico de densa revelação de Deus Pai, Filho e Espírito Santo. Este capítulo procurará sondar em que sentido a ressurreição de Jesus é um acontecimento trinitário, ação conjunta dos Três divinos. O Filho não recebe passivamente do Pai no Espírito a vida nova de ressuscitado, Ele também toma partido sobre sua vida, se posiciona, é ressuscitado e se ressuscita.

O envio do Espírito é o outro lado da face vitoriosa da Trindade. Após passar pelo sofrimento da Paixão, o Filho, renascido gloriosamente, se torna fonte de vida nova para toda a humanidade, derramando o Espírito Santo sobre toda a carne. Ele volta para o seio da Trindade, mas sua presença permanece viva no Espírito que Ele enviou, e a sua obra é atualizada, levada ao cumprimento final pelo mesmo Espírito enviado que habita no humano e em todo o universo.

E o que aconteceu com a carne assumida pelo Verbo de Deus em Jesus Cristo após a ressurreição? Esse é outro milagre que faz parte do acontecimento da ressurreição de Jesus. Seu corpo foi glorificado, é corpo glorioso e está agora na vida *ad intra* de Deus, foi assumido pela Trindade imanente. Tão grande mistério de acolhida e de amor na vida de Deus é prenhe de significado para cada ser humano, pois também nosso corpo será glorificado e elevado à vida trinitária de Deus. Tudo no ser humano será redimido, renovado, transformado, porque tudo foi assumido por Deus Pai, Filho e Espírito Santo.

5.1 Ressurreição, um evento trinitário

Assim como a paixão de Jesus é história da Trindade, a ressurreição também o é. Jesus, morto e crucificado, é ressuscitado pelo Pai, recebe o Espírito e o comunica aos seus discípulos e a toda humanidade. A ressurreição de Jesus é um acontecimento trinitário; nela atua o Pai, o Filho e o Espírito Santo.

A maior parte dos textos bíblicos do Novo Testamento atribui a iniciativa da ressurreição ao Pai. A ressurreição é obra de Deus Pai, que dá vida nova ao Filho e o faz sentar-se à sua direita (cf. Jo 10,17-18; 12,23-28; 13; 17,1.5; At 2,23-24; 3,15; 4,10; Rm 6,4; 8,11; 10,9; 2Cor 4,14; Ef 1,20). Deus Pai toma posição sobre a morte do Filho, revela a "eficácia de sua força" (cf. Ef 1,19). A violência e o mal praticados na Sexta-feira Santa não são os últimos acontecimentos que marcaram Jesus de Nazaré. Deus Pai fez justiça à morte violenta de seu Filho e "constituiu Senhor e Cristo aquele Jesus que vós crucificastes" (At 2,36).

Na ressurreição, Deus se revela como Pai da misericórdia, diz sim ao Filho crucificado injustamente e, nele, pronuncia seu sim definitivo a todos os crucificados deste mundo. Ao tomar posição sobre a vida de Jesus, o Pai também toma partido de todos os crucificados da história. Ao ressuscitar Jesus, o Pai confirma a missão de seu Filho, ratifica a autenticidade de suas palavras e ações. Sua missão não foi em vão. Agora ressuscitado, não só Jesus Cristo está vivo e glorificado, como também seu projeto permanece vivo e é levado adiante pelo Espírito Santo.

Em outros textos bíblicos a iniciativa da ressurreição é do próprio Jesus (cf. Jo 10,17-18; 12,31-33; 13,31-32; 17,1.5; 21,14; Lc 24,6.34; Mt 27,64; 28,67; 1Ts 4,14; 1Cor 15,3-5; Rm 8,34). O Pai tem soberana iniciativa na ressurreição, mas Jesus também participa ativamente desse momento. A participação ativa de Jesus não contradiz a primazia de Deus Pai. Tudo o que o Filho faz é para a glória do Pai. Ambos os textos se complementam, ambas as afirmações fazem parte do mistério maior da fé cristã: Jesus Cristo está vivo, sentado à direita de Deus. Pai e Filho tomam partido sobre sua vida, na potência do Espírito Santo. A ressurreição não é apenas uma recepção passiva de Jesus da benevolência do Pai, mas sim uma tomada de posição dos Três divinos sobre a morte injusta do Filho e sobre todas as injustiças cometidas contra os homens e as mulheres e contra o inteiro universo.

Pai, Filho e Espírito Santo atuam na obra da ressurreição. A ressurreição é história das Três Pessoas divinas. O Espírito está presente e atuante na ressurreição do Filho, é na força do Espírito que o Cristo foi ressuscitado. "Sofreu a morte em sua carne, mas voltou à vida pelo Espírito" (1Pd 3,18). Podemos dizer que a profecia de Ezequiel se concretizou quando profetizava que sobre o Espírito que entra nos ossos secos e os ressuscita dos seus túmulos fazendo-os um "grande exército de ressuscitados para a vida e para a esperança" (cf. Ez 37,1-14). O Pai o constituiu "Filho de Deus com poder segundo o Espírito de santificação mediante a ressurreição dos mortos" (Rm 1,4). É pela ação do Espírito Santo que Jesus ressuscitado é reconhecido como Senhor e Cristo, exaltado à direita de Deus Pai. "Por isso Deus o sobre-exaltou grandemente e o agraciou com o nome que é sobre todo o nome, para que, ao nome de Jesus, se dobre todo joelho dos seres celestes e dos que vivem sobre a terra, e, para glória de Deus, o Pai, toda língua confesse: Jesus é o Senhor" (Fl 2,9-11)[9]. Esse é o conteúdo do anúncio

---

9. Confira outras passagens que afirmam ser a ressurreição realizada no poder do Espírito: Rm 8,11; 1Cor 15,45; 1Tm 3,16.

do kerigma pascal realizado corajosamente pela Igreja primitiva. Deus tomou partido sobre seu Filho amado, o declarou Senhor. O crucificado está ressuscitado.

Um pensamento de Schillebeeckx chama a atenção pela feliz intuição em fazer uma associação entre a vida de Jesus e sua ressurreição. "Se o caminho da vida de Jesus não evidenciar nenhum sinal antecipatório da ressurreição, sua morte não passará de falência e, nesse caso, a fé na ressurreição será de fato mero fruto do desejo humano. Sem a antecipação eficaz da ressurreição na vida terrena de Jesus, a Páscoa não passa de ideologia" (cf. SCHILLE-BEECKX, 1987, p. 40). O que o autor quer afirmar é que a ressurreição não aparece como um milagre intervencionista de Deus na vida do nazareno, mas aponta para o que foi sua vida: uma vida de ressuscitado. A força do Espírito com a qual Pai e Filho tomam posição diante da morte violenta já estava em ação em cada momento de sua trajetória. Em outras palavras, Jesus ressuscitou porque viveu como ressuscitado, como homem novo, viveu erguendo e salvando vidas.

Belas reflexões têm sido feitas no sentido de que a ressurreição é o sim de Deus ao passado, presente e futuro de Jesus Cristo (cf. FORTE, 1985, p. 102ss.). Na ressurreição, o Pai se posiciona em relação ao passado, presente e futuro de seu Filho. A ressurreição é sim sobre o passado de Jesus no sentido de que sua vida e missão foram atestadas por Deus Pai, conforme podemos ler no texto bíblico: "Jesus de Nazaré, homem de quem Deus deu testemunho diante de vós com milagres, prodígios e sinais, que Deus por Ele realizou, como vós mesmos o sabeis" (At 2,22). Ao ressuscitar o Filho, o Pai diz sim à sua história, à sua vida, à sua missão. Confirma-se, assim, a verdade de ser Ele o portador da salvação. O anúncio do Reino, a acolhida, o perdão oferecido, as curas, as refeições escatológicas, enfim, tudo o que realizou o profeta de Nazaré nesta terra estava carregado de sentido salvífico e de força de ressurreição.

A ressurreição é o sim de Deus sobre o passado de Jesus, mas também sobre seu presente porque Ele está vivo, é o vivente, é o Cristo Senhor que age com poder. A ressurreição é o eterno presente testemunho do Pai sobre Jesus, é o selo definitivo de reconhecimento da autenticidade de sua vida. A ressurreição é ainda o sim sobre o seu futuro porque Ele é o fundamento de toda esperança. Ele há de vir em sua glória, fará nova todas as coisas (Ap 21,3-6)[10].

A ressurreição de Jesus é interpretada pelo Apóstolo Paulo como novo nascimento, nova geração. Deus Pai revela novamente sua paternidade e sua relação única com o Filho ressuscitando-o, dando-lhe vida nova no Espírito. Em Atos dos Apóstolos Paulo faz referência ao Sl 2,7 que diz: "proclamarei o decreto do Senhor. Ele me disse: 'Tu és meu filho, eu hoje te gerei'", para aludir a ressurreição de Jesus ao sentido de novo nascimento. Acompanhemos o texto paulino: A promessa "Deus a cumpriu para nós, seus filhos, ressuscitando Jesus, como também está escrito, no segundo salmo: 'Tu és meu filho, eu hoje te gerei'" (At 13,33; cf. Hb 1,5; 5,5).

No intuito de melhor captar o sentido da ressurreição como novo nascimento se torna oportuno fazer alusão ao novo que esse

---

10. No sim ao Filho está o sim a cada um de nós que somos filhos no Filho, recorda o Papa João Paulo II: "A ressurreição de Jesus Cristo é o sim definitivo de Deus ao seu Filho, o sim definitivo de Deus a toda criação. Através da transfiguração do corpo ressuscitado de Cristo começa a transfiguração de toda criatura, a "nova criação" na qual toda a criação será transformada. Sim à vida, sim à esperança e ao futuro. Sim à humanidade, sim à criação e a toda natureza [...]. Toda a natureza em nosso entorno é criação como nós, junto a nós, partilhando conosco o mesmo destino, isto é, encontrar em Deus o definitivo destino e plenitude, como o novo céu e a nova terra. Esta certeza, baseada em nossa fé, é para nós um grande estímulo para uma consciente responsabilidade, para uma verdadeira atitude de reverência à criação: à natureza inanimada, às plantas e aos animais e, acima de tudo, aos nossos companheiros homens e mulheres. Vivam conscientes dessa nova criação que tem seu começo na ressurreição de Cristo. Na solidariedade com todas as pessoas e criaturas vivam a vocação de todo o mundo criado à participação eterna na ressurreição e glória de Cristo" (JOÃO PAULO II. Discurso aos jovens da Diocese de Osnabruck, Alemanha, em 31 de março de 1989).

mistério apresenta. Há uma continuidade e uma descontinuidade na ressurreição do nazareno. O ressuscitado é o mesmo Jesus de Nazaré; o crucificado é o ressuscitado e o ressuscitado é o crucificado. Daí a insistência na dimensão corpórea nos relatos das aparições, para mostrar a continuidade entre Jesus e o Cristo ressuscitado. Contudo, há na ressurreição uma descontinuidade. Agora ressuscitado, Jesus não volta à vida que possui anteriormente. Há uma realidade completamente nova. Ele se faz presente de forma nova, haja vista o fato de os discípulos não o reconhecerem de imediato. Ele agora é o Cristo glorioso. Ressurreição é, nesta perspectiva, novo nascimento do Filho, nova criação, derramamento do Espírito sobre toda a terra. A ressurreição é esperança e concretização do novo não só para o Filho de Deus, mas para toda realidade criada.

5.2 Ressurreição e o derramamento do Espírito Santo

Há profunda relação entre a glorificação de Jesus e o dom do Espírito Santo ofertado a toda Igreja e a toda humanidade em Pentecostes. São dois momentos de um único acontecimento: Jesus é ressuscitado, recebe o Espírito e, juntamente com o Pai, o comunica a toda humanidade. Cristo é o vivente, cuja vida foi aprovada por Deus, e agora glorificado nos dá o Espírito Santo. Em Atos, Pedro assim se expressa: "Exaltado pela direita de Deus e recebida do Pai a promessa do Espírito Santo, Ele o derramou sobre nós conforme vedes e ouvis" (At 2,33). O Espírito, em cujo poder o Filho foi ressuscitado, agora é derramado universalmente para se tornar presença permanente em toda a criação (cf. Jo 7,39). Com a ressurreição, a promessa do envio do Espírito (cf. Jo 14,16-17; Jo 14,26) é realizada plenamente. A partir de agora não há mais órfãos, cada ser humano está pneumatizado, abraçado e envolvido com as carícias paterno-maternais do Espírito Santo.

Chama a atenção o movimento do Espírito nesse processo pentecostal, ou seja, nesse processo de efusão pneumatológica. O Espírito é doado pelo Filho na cruz ao Pai; na ressurreição o Pai o entrega ao Filho, ressuscitando-o dos mortos; o Filho, agora ressuscitado, doa o Espírito a cada pessoa em particular e a todo o universo. Trata-se da circulação de vida, movimento de amor e doação que constitui o mistério da Trindade, do qual cada ser humano e todo o cosmo participam.

A partir do momento do envio do Espírito em Pentecostes, Ele é chamado Espírito de Cristo (cf. 1Pd 1,11), Espírito de Jesus Cristo (cf. Fl 1,19), Espírito de Jesus (cf. At 16,7), Espírito de seu Filho (cf. Gl 4,6), Espírito de Deus (cf. Rm 8,9; 1Cor 3,16), Espírito do Senhor (cf. At 8,39), Espírito do Deus vivo (cf. 2Cor 3,3), Espírito de adoção (cf. Rm 8,15), Espírito de vida (cf. Rm 8,2), Espírito da verdade (cf. Jo 15,26), Espírito da graça (cf. Hb 10,29), Espírito de santificação (cf. Rm 1,4), Espírito de revelação (cf. Ef 1,17-18), Espírito da glória (cf. 1Pd 4,14). Jesus é o doador do Espírito, por isso o Espírito é chamado Espírito de Cristo. Não nos é permitido, contudo, confundir a pessoa de Jesus com a do Espírito Santo. O Espírito é chamado Espírito de Cristo porque na dinâmica das relações trinitárias Jesus foi plenificado, exaltado e, por isso, se torna fonte de vida para toda a humanidade. Aquele que fora enviado ao mundo na encarnação é agora fonte que jorra o Espírito para a Igreja e para toda a humanidade. Glorificado e plenificado, Jesus se torna o doador universal do Espírito Santo.

Equívoco seria interpretar esse envio salvífico como subordinação do Espírito ao ressuscitado. "O Filho, por sua ressurreição, está tão próximo do Pai, e no Pai, que condivide a original prerrogativa divina de poder enviar o Espírito. Se, antes, o envio, a entrega e a ressurreição de Cristo foram obras do Espírito vivificador, agora o envio e o derramamento do Espírito, que tudo recria, são obras do Filho" (MOLTMANN, 2011, p. 101). Se até então Jesus foi impulsionado pelo Espírito, se até então Ele realizou sua missão na força do Espírito, agora ressuscitado, Ele envia o Espírito para que nós, pneumatizados, continuemos o projeto do Reino por Ele iniciado: Reino de justiça e de paz, de igualdade e de fraternidade, de amor e de perdão, de inclusão e de participação.

Agora é o Espírito, o enviado ao mundo pelo Pai e pelo Filho, que levará adiante a obra do Filho. É no Espírito e pelo Espírito que a mensagem de Cristo se torna atual, aberta a novas experiências. Na eficácia do Espírito o mundo caminha para sua consumação escatológica. É o Espírito que atualiza as palavras e ações de Jesus Cristo e sua presença salvífica no mundo. O Paráclito tem a missão de rememorar as palavras de Jesus e conduzir todos à verdade (cf. Jo 16,13; 14,26; 15,26). Há íntima relação entre o Espírito derramado e a missão da Igreja. O Espírito é o protagonista da missão. Isso aparece com clareza nas palavras do próprio ressuscitado: "Mas recebereis uma força, o Espírito Santo que virá sobre vós; e sereis minhas testemunhas em Jerusalém, em toda a Judeia e Samaria, até os confins da terra" (At 1,8). Observa-se o alcance universal do testemunho a que os discípulos são convocados a dar, possibilitado pelo Espírito: "até os confins da terra". É no Espírito do ressuscitado que todas as barreiras são derrubadas e todas as fronteiras são alargadas.

A partir de Pentecostes vivemos no Espírito, somos por Ele cristificados e revestidos da força do alto para assumir as mesmas opções que Cristo, rumo ao Pai. Outra imagem que remete à ação do Espírito enviado pelo ressuscitado é a do edifício construído sob a pedra angular (cf. Ef 2,17-22). O Espírito é o arquiteto que edifica a Igreja, rompe com toda separação, une os povos, suscita dons e carismas, é presença na tribulação; enfim, é presença permanente e renovadora em toda a realidade criada.

5.3 Com a glorificação do Filho, a Trindade é "afetada"

Na encarnação o Verbo de Deus assumiu a carne humana, se fez um de nós em tudo, exceto no pecado. Após ter realizado plenamente sua missão, foi ressuscitado, glorificado e exaltado pelo Pai à sua direita.

A ressurreição de Cristo e a nossa é um mistério impenetrável, incapaz de ser captado pelo espírito humano. Ressuscitar significa ser admitido pela graça ao modo de ser de Deus. Faz parte desse mistério de participação da vida de Deus a corporeidade que Jesus assumiu na encarnação. Com outras palavras, o corpo assumido pelo Verbo quando Ele se fez carne não foi eliminado quando Jesus foi introduzido na glória eterna na ressurreição. Ao voltar para o seio do Pai, ao assumir a condição gloriosa, seu corpo se torna corpo glorioso e com ele está junto do Pai. São Paulo faz menção a esse mistério na Carta aos Coríntios: "Assim também será a ressurreição dos mortos: semeado corruptível, o corpo ressuscita incorruptível. Semeado desprezível, ressuscita glorioso. Semeado na fraqueza, ressuscita cheio de vigor. Semeado corpo animal, ressuscita corpo espiritual" (1Cor 15,42-44).

Uma dimensão nova, portanto, a corporeidade gloriosa, passa a fazer parte da vida intradivina do Deus Trindade. O Verbo de Deus assumiu o corpo e a corporeidade humana para sempre, ou seja, tais dimensões, que a partir da encarnação eram propriedades da natureza humana da Pessoa do Filho encarnado, agora, a partir da ressurreição, fazem parte da Trindade em si. O grande estudioso do Deus Trindade, Ladaria, assim se expressa: "A humanidade glorificada do Filho entrou de modo definitivo na plenitude da vida trinitária. O Filho não se desprende dela ao passar deste mundo para o Pai. É evidente, portanto, que a economia salvadora 'afeta' a pessoa do Filho, muito embora, ao mesmo tempo, se deva afirmar que isso não produz nele nenhum crescimento ou aumento de perfeição. Os únicos beneficiários de sua assunção da humanidade somos nós" (LADARIA, 2009, p. 54).

A Trindade não permanece indiferente à encarnação do Filho. Se o Filho eterno assume o evento da encarnação, não podemos afirmar que isso não "afeta" as outras Pessoas trinas, dada a relação inseparável que as constitui. Novamente Ladaria esclarece a questão.

> O Filho, certamente, nunca se despojou da natureza de Deus, mas sim da "condição", da forma divina (Fl 2,6-7), isto é, daquela situação que seria a correspondente à natureza divina do Filho. A essa situação, o Filho agora encarnado tinha de voltar, também enquanto homem. Por conseguinte, a ressurreição significa a glorificação, a "divinização" da humanidade de Jesus. Esta não desaparece nem se deixa ficar absorvida pela divindade, mas participa plenamente da glória desta última, existe na "forma de glória", depois da ressurreição que pôs fim à forma de servo. E então, também sob o aspecto da humanidade assumida, Jesus está na perfeita comunhão e união com o Pai. Mais ainda, dada a irreversibilidade da assunção da carne, o Filho não pode existir na perfeita unidade com o Pai que lhe cabe por sua condição filial, se a humanidade não participa plenamente da glória da divindade (LADARIA, 2009, p. 57).

Enfim, os mistérios da economia da salvação não são estranhos a Deus, que livre e amorosamente os realiza e os assume. Uma vez assumida a realidade humana, esta não desaparece de Deus, é elevada gloriosamente à vida íntima de Deus Uno e Trino. O melhor termo utilizado para exprimir essa nova realidade em Deus é "novidade". Ao voltar para a condição da forma divina, da qual tinha se despojado com a encarnação, o Filho leva consigo aos céus sua humanidade divinizada com a ressurreição. Sua humanidade não desapareceu com a ressurreição; ao contrário, foi potencializada, divinizada, eternizada. Sua humanidade participa da vida trinitária imanente. Há, portanto, um elemento novo no mistério das relações trinitárias. Não se trata de dizer que a Trindade foi aperfeiçoada com o corpo glorioso que foi elevado aos céus, mas que passou por uma novidade, sem ser necessária a Ela, mas também sem lhe ser insignificante.

A encarnação tem, portanto, um efeito na Trindade, ou seja, a história do Deus para nós revelado em Jesus Cristo volta para a glória eterna com um elemento novo, não no sentido de ter se aperfeiçoado, mas no sentido de assumir um elemento que Deus não tinha antes: o corpo glorificado com a ressurreição. A corporeidade foi para sempre assumida por Deus, e agora vive no mistério da vida amorosa de Deus, nas eternas relações insondáveis entre o Pai, o Filho e o Espírito Santo. Mais uma vez é importante dizer que essa novidade não causa nenhum aperfeiçoamento à divindade Trina. É a humanidade quem se beneficia ao ter o corpo assumido pela Trindade.

Todas essas verdades em Deus não são especulações abstratas, mas verdades que dizem respeito diretamente à salvação do gênero humano. O mistério da ascensão da natureza humana à direita de Deus através da ressurreição lança luzes para o perene valor da pessoa humana na totalidade do seu ser. Se a carne humana já era digna de valor por ter sido assumida pelo Verbo na encarnação, tal dignidade é reafirmada com ainda mais ênfase no momento da ressurreição em que essa mesma carne se torna carne gloriosa. Nada justifica, portanto, tantos crimes e pecados contra a dignidade da pessoa humana, o desprezo pelo outro, crimes como o racismo, o preconceito, o tráfico humano, a homofobia e tantos outros crimes que ofendem diretamente a Trindade e o humano que é dela imagem e semelhança. Por outro lado, nos gestos que elevam a vida humana, que promovem já nessa vida a ressurreição da carne a Trindade Santa é glorificada. Em cada atitude de ressurreição já nessa vida podemos dizer glória ao Pai, ao Filho e ao Espírito Santo, amém.

Outra consequência não menos importante da elevação da corporeidade humana de Jesus ao seio da Trindade imanente é a constante afirmação de uma espiritualidade encarnada no cristianismo. Persistem no cristianismo e fora dele tendências de um espiritualismo desencarnado que nega o valor perene da corporeidade. Alfonso Garcia Rubio chama a atenção para o valor do corpo na fé cristã:

> O corpo deve ser valorizado e cuidado, pois faz parte da perfeição do ser humano. O corpo, convém insistir, é comunicação e expressão, mediação do encontro-relação com as outras pessoas, com o mundo e certamente com Deus. Todavia, a corporeidade é uma dimensão a ser integrada na globalidade de dimensões que é o ser pessoal. O cuidado e a preocupação com o corpo devem estar a serviço do projeto pessoal de vida. A acentuação unilateral do valor da corporeidade empobrece e mutila o ser humano tanto quanto a acentuação unilateral do valor da dimensão espiritual (RUBIO, 2006, p. 101).

PARTE II

6
Da Trindade revelada ao mistério do Deus em Si

A segunda parte do livro, após termos mergulhado nos textos bíblicos e captado a revelação da Trindade através da história de Jesus Cristo, pretende agora, com toda a humildade que se faz necessária, bater à porta do mistério de Deus em Si e intuir o mistério da unidade e da pluralidade em Deus, ou seja, buscar "entender" em que sentido Deus, na sua vida íntima e perfeita, é Uno e Trino, Pai, Filho e Espírito Santo, Um só Deus e Três Pessoas divinas.

A partir do que Jesus falou de Si, do Pai e do Espírito, e do modo como viveu a intensa comunhão trinitária, nos é permitido dizer algo sobre o Deus Triúno em Si, nas eternas relações constitutivas da Trindade. Essa foi a tarefa da teologia de ontem e de hoje. A partir do "material" revelado na história da salvação, a teologia avança, reflete, propõe, corrige as interpretações equivocadas, sistematiza o que pode ser sistematizado; enfim, é função da teologia dizer algo da Trindade, no intuito de ajudar o ser humano a conhecer o que se ama, e conhecendo, amá-lo sempre mais. Essa passagem da Trindade manifestada na vida de Jesus à Trindade mistério em Si a teologia chama de "Trindade econômica" à "Trindade imanente". A Deus ninguém jamais viu (Jo 1,18), mas a partir de Jesus caminhamos a Ele, nos aproximamos da Trindade imanente.

Enquanto que na primeira parte do livro foram abordados fundamentalmente elementos bíblicos, ou seja, a vida de Jesus e sua relação trinitária a partir dos escritos do Novo Testamento, a segunda parte terá um cunho mais histórico-teológico. Num primeiro momento conheceremos a história da construção dos dogmas trinitários, cujo ápice foi o Concílio de Constantinopla, com a afirmação da divindade do Espírito Santo. Logo em seguida, nos capítulos subsequentes voltaremos teologicamente aos principais temas relacionados à vida interna de Deus (Trindade imanente), de certa forma já intuídos pelos pensadores cristãos no processo da construção dos dogmas.

No início dessa segunda parte do livro, no capítulo sexto, intitulado "Da Trindade revelada ao mistério do Deus em Si", refletiremos essas duas dimensões da Trindade, *ad intra* e *ad extra*, o "Deus Trindade em Si" e Deus Trindade enquanto revelado à criação, para fora de suas relações internas. O teólogo Karl Rahner formulou um axioma que se tornou clássico na reflexão dessas duas dimensões da Trindade: "A Trindade econômica é a Trindade imanente e vice-versa". Embora o autor tenha recebido críticas a respeito da formulação desse axioma, o importante é captar sua intenção fundamental contida nesse axioma. É o que veremos a seguir.

6.1 As duas dimensões do mistério trinitário: Trindade econômica e Trindade imanente

Refletimos anteriormente como se manifestou a Trindade na vida, morte e ressurreição de Jesus Cristo. Em um linguajar mais teológico, nos debruçamos na Trindade econômica, no Deus Pai, Deus Filho e Deus Espírito Santo que se manifestou a nós por meio do Verbo encarnado, Jesus Cristo. O caminho a ser percorrido nesta obra, bem como em todo estudo da teologia da Trindade, não poderia ser diferente. A única possibilidade para falar da Trindade é a partir de Jesus Cristo, olhar para a vida de Jesus de Nazaré e nela encontrar e deixar ser encontrado pela Trindade Santa. A teologia contemporânea cada vez mais percebe a necessidade e a importância de ver na história de Jesus de Nazaré verdadeiro e legítimo "lugar teológico" para falar do mistério de Deus.

Dito isso, fica mais compreensível a afirmação feita anteriormente no tocante à necessária diferenciação que precisa ser feita entre ambas as dimensões do mesmo e único Deus: Trindade econômica e Trindade imanente. Há uma única Trindade, que é Deus comunhão de Pessoas divinas. A única Trindade é a Trindade eterna, que livremente se manifestou na história da humanidade, com a encarnação do Verbo eterno, e com o envio do Espírito Santo. Foi Jesus Cristo, que é a autorrevelação de Deus (econômica) quem nos revelou o mistério de Deus eterno e infinito (imanente). Portanto, uma única Trindade em duas dimensões: a dimensão eterna e a dimensão histórica, a dimensão incognoscível e a dimensão revelada. Cabe agora aprofundar um pouco melhor em que consiste a diferença entre essas duas dimensões do mistério de Deus Uno e Trino e, ao mesmo tempo, reafirmar a profunda inseparabilidade entre elas.

Como ponto de partida, urge recordar o princípio antropológico, filosófico e também teológico que distinguir não é separar, assim como dualidade não é dualismo. Ao distinguir o "Deus em Si" do "Deus para nós", o Deus que existe independentemente de sua revelação, e o Deus que se manifesta a nós, não estamos separando o que não pode ser separado. Dividir nesse caso seria criar duas Trindades, uma no céu e uma na terra, o que seria absurdo. Já distinguir, sem separar, é salvaguardar a necessária diferença que existe entre o mistério de Deus e sua manifestação histórica em Jesus Cristo desse mesmo mistério.

Trindade imanente é a vida de Deus em si mesmo, na comunhão eterna das Três Pessoas, sem referência à criação, sem necessidade de revelar-se. Deus existe eternamente, independentemente da criação e de sua manifestação na história. Já a Trindade econômica é essa mesma realidade divina revelada na história, através de Jesus Cristo e do Espírito Santo; é a Trindade envolvida com a criação, é a Trindade oferecendo sua amizade ao ser humano e com ele fazer comunhão, em vista de sua salvação. Trindade econômica é autodoação e automanifestação de Deus na história e na vida da humanidade. Estamos falando da única e mesma Trindade que existe em suas duas dimensões: a dimensão do "Deus em si" e a dimensão do "Deus para nós"; Deus inacessível e Deus revelado, Deus abscondido e Deus próximo. É a única e mesma Trindade que existindo em Si em eterna comunhão de Pessoas (Trindade imanente), livre e gratuitamente, revelou-se na história e se fez presença concreta em Jesus Cristo, na história do ser humano (Trindade econômica). Em poucas palavras, Boff sintetiza o assunto em questão: "Por Trindade econômica entendemos a manifestação (no caso do Filho e do Espírito Santo, a autocomunicação), na história dos divinos Três, seja conjuntamente, seja cada um individualmente, em vista da nossa salvação. Por Trindade imanente entendemos o Pai, o Filho e o Espírito Santo em sua vida íntima e eterna em si. A partir da Trindade econômica vislumbramos algo da Trindade imanente" (BOFF, 1986, p. 279-280).

A revelação econômica da Trindade imanente, ou seja, a manifestação histórica de Deus na realidade humana se dá em vista de nossa participação no mistério salvífico. Deus Trino não se manifesta simplesmente para responder à curiosidade humana, mas para que participemos de sua vida e entremos em comunhão com a comunhão maior que é a Trindade. A revelação, portanto, está em vista da salvação do gênero humano, daí a expressão "economia da salvação"ou "Trindade econômica".

A revelação de Deus em Jesus Cristo é autêntica e real expressão do que Deus é em si mesmo, em sua natureza mais profunda. Entremos, assim, no tema da correspondência entre as duas dimensões do Deus Uno e Trino. Se nos parágrafos anteriores ponderamos sobre a distinção sem separação cabe agora falar de sua correspondência ou equivalência. Para isso nos ajudará o axioma ou a premissa clássica de Karl Rahner que diz que "a Trindade econômica é a Trindade imanente, e vice-versa".

6.2 "A Trindade econômica é a Trindade imanente, e vice-versa"

Tornou-se clássica a afirmação de Rahner que diz que "a Trindade econômica é a Trindade imanente e vice-versa" (RAHNER, 1962, p. 117), cuja intenção fundamental é mostrar que Deus é o mesmo que se revela a nós. Deus não pode ser algo e revelar-se outra realidade que não corresponda à sua natureza. Trata-se do mistério da coerência divina. Deus não se contradiz a si mesmo, Ele é o mesmo que se revela à humanidade. "Se somos infiéis, Ele permanece fiel, pois não pode negar-se a si mesmo" (2Tm 2,13).

A verdade desse axioma, na intuição de Rahner, portanto, está em apontar para a coerência e a fidelidade de Deus. O Deus que se revela a nós (Trindade econômica) é o que é em Si mesmo (Trindade imanente). É legítimo então dizer como Rahner: "A Trindade econômica é a Trindade imanente e vice-versa". Não existem dois deuses, duas trindades, uma na eternidade e outra que se dá a conhecer na história. O que existe, conforme já mencionado, são duas dimensões do único mistério divino. Há entre a Trindade econômica e a Trindade imanente, entre a automanifestação na história e o Deus em Si, íntima correspondência (cf. FORTE, 1987, p. 16), que se fundamenta na fidelidade divina.

É nessa coerência de Deus que se fundamenta o dom da salvação. A salvação oferecida por Deus só é real e possível porque ela corresponde ao ser mesmo de Deus, à sua essência. Em outras palavras, a Trindade é mistério salvífico porque Deus doa ao ser humano aquilo que Ele mesmo é. A revelação de Deus é salvífica porque Ele revela a Si mesmo, sua natureza, sua essência, sua identidade, sua vontade, seu projeto, suas relações trinas. A constituição dogmática do Concílio Vaticano II intitulada *Dei Verbum* vai usar a expressão "autorrevelação divina" para se referir à correspondência entre revelação divina e o ser de Deus, ou se preferirmos, entre sujeito e objeto da revelação. Nesse caso, o sujeito e o objeto se coincidem, isto é, Deus que é o sujeito e o autor da revelação é também o objeto da revelação, uma vez que Ele revela a Si mesmo.

Rahner recebeu não poucas críticas pela formulação de seu axioma. A problemática, na concepção dos críticos, está na segunda parte do axioma e não na primeira. Que o Deus manifestado a nós corresponde ao ser mesmo de Deus parece estar claro, pois ninguém põe em xeque o princípio da coerência e fidelidade de Deus. As objeções a Rahner dizem respeito à segunda parte de seu axioma, isto é, ao vice-versa, que seria assim formulado: "A Trindade imanente é a Trindade econômica". O perigo está em diluir o imanente no econômico, o eterno no temporal, ou seja, dissolver a realidade de Deus em Si na sua manifestação histórica. Dizer que o "Deus em si" é o "Deus para nós", sem fazer as devidas ressalvas, sobretudo que o infinito mistério nunca pode ser captado plenamente, é motivo de polêmicas.

É certo que o infinito e o eterno não se esgotam em nenhuma manifestação histórica. Deus se revela, velando-se. Jesus é a plena e a máxima revelação de Deus, mas ao mesmo tempo sua manifestação histórica não esgota a totalidade do mistério. O mistério da profundidade insondável de Deus Trindade está para além de toda manifestação histórica, embora professemos que Jesus Cristo, o Verbo encarnado, é a Palavra definitiva, a manifestação máxima e definitiva de Deus. Deus sempre será mistério, nem toda Trindade imanente se revela na economia da salvação, até porque nossa capacidade de conhecimento é infinitamente menor do que o mistério infinito de Deus. Na encíclica do Papa João Paulo II *Fides et Ratio* encontramos a seguinte observação: "Jesus, com toda a sua vida, revela seguramente o rosto do Pai, porque Ele veio para manifestar os segredos de Deus; e, contudo, o conhecimento que possuímos daquele rosto está marcado sempre pelo parcial e limitado de nossa compreensão" (JOÃO PAULO II. *Fides et Ratio* 13).

A Trindade imanente não se esgota na revelação da Trindade econômica nem se dissolve nela. A autocomunicação de Deus se dá no despojamento da condição divina, no esvaziamento kenótico, o que nos obriga a reconhecer a distinção, sem separação entre a Trindade em si e a Trindade revelada em Jesus Cristo. A Trindade revelada na história por Jesus Cristo no Espírito nos remete a um mistério sempre maior, embora seja preciso dizer em alta voz que esse maior é sempre a mesma e única Trindade.

Muito embora a preocupação de salvaguardar o mistério sempre maior de Deus tem sua plena razão de ser, mais uma vez é importante afirmar que o vice-versa do axioma de Rahner não pretende colocar as duas afirmações no mesmo nível. O teólogo alemão também entende que a economia da salvação é dependente da Trindade imanente. Já a Trindade imanente não depende da econômica, isto é, Deus se nos revela graças a sua infinita liberdade e gratuidade. Nada obrigou Deus a se revelar. O que Rahner quis enfatizar com seu axioma foi a comunicação livre, real e fiel que Deus faz de si aos homens em Cristo e no Espírito Santo.

Mais do que refletir sobre o mistério da Trindade imanente (Deus em si), Rahner quis enfatizar a graça, o dom e a coerência do mistério revelado a nós. Sua revelação não contradiz o que

Deus é em si mesmo. Deus não se comunica do modo diferente do que Ele mesmo é. Nesta coerência divina está nossa salvação. "A Trindade como é em si (imanente) se dá a conhecer na Trindade como é para nós (econômica): um e mesmo é o Deus e o Deus que se revela, o Pai pelo Filho no Espírito Santo" (FORTE, 1987, p. 16). Prova de que essa é a intenção de Rahner é o fato de sua reflexão não se deter demasiado na reflexão do "inverso" do axioma, ou seja, na sua segunda parte.

Em suma, Rahner diz chamar a atenção para o fato da revelação de Deus na história; a revelação que o Deus Uno e Trino faz de Si em Jesus Cristo revela o que Deus é em sua realidade mais íntima, sem contudo esgotá-lo totalmente. O ser humano não pode por si mesmo ter acesso ao Deus Trindade no seu mistério imanente, a sua vida interna e íntima, mas pela revelação ofertada em Jesus Cristo na força do Espírito chegamos mais perto de sua natureza divina Una e Trina.

7

A kênosis da Trindade: o mistério do autoesvaziamento trinitário

O jogador abaixa-se para amarrar o cadarço do tênis durante o jogo. A cozinheira abaixa-se para pegar algo que caiu no chão. O lavrador abaixa-se para plantar a semente. O pintor abaixa-se para fazer os detalhes de sua obra. A indígena abaixa-se para pegar a água do rio com as mãos. O negro abaixa-se para ser morto pelo policial que lhe sufoca com o joelho dobrado sob o seu pescoço. O bombeiro abaixa-se para salvar a vítima caída ao chão.

Deus também se abaixa. A Trindade também quis descer ao chão da humanidade. A teologia chama de kênosis divina o abaixar-se de Deus na Pessoa do Verbo que em Jesus Cristo despoja-se de glória para assumir a fraqueza da carne humana. Em Jesus Cristo, o mistério trinitário mostra todo o seu amor ao esvaziar para tocar a realidade humana e servi-la. O Pai e o Espírito, ao seu modo, também realizam o divino movimento kenótico.

Na vida intratrinitária, a Trindade realiza eternamente outro abaixamento, outra kênosis, que é o modo próprio de ser das Três Pessoas divinas, em que cada Pessoa abre em si espaço para as Outras serem nela. Quem ama autenticamente realiza esse gesto de retrair-se para o outro entrar em sua vida de igual para igual.

Neste capítulo, portanto, será tematizado o autoesvaziamento da Trindade, seja em sua vida interna, imanente, seja na sua relação com o humano e com toda a criação, na sua capacidade kenótica de ir ao encontro do outro diferente dele e abaixar-se para o serviço incondicional. Ao perscrutar o mistério trinitário em sua dimensão de kênosis, interessa a nós a pergunta: em quantas anda a kênosis humana, a kênosis eclesial, e tantas outras dimensões da vida que somente se tornam "grandes" e relevantes quando se fazem pequenas?

7.1 A kênosis na Trindade imanente

A reflexão teológica chama de kênosis o autoesvaziamento das três Pessoas da Santíssima Trindade. A rigor, nos textos bíblicos, kênosis se refere ao esvaziamento do Filho, isto é, ao mistério da encarnação do Verbo de Deus que se esvazia de todo poder, majestade e, em Jesus Cristo, assume a condição humana, fazendo-se em tudo semelhante a nós, exceto no pecado. O Filho se autoesvazia de sua condição divina para assumir a condição de servo.

A partir da kênosis do Filho se intui que as Três Pessoas da Trindade são se fazem, a seu modo, kenóticas. As Três Pessoas realizam e se realizam nesse movimento de autoesvaziamento, seja na Trindade em si (imanente), no mistério de suas relações intratrinitária, seja na Trindade econômica, no Deus revelado na história. Toda a realidade da Trindade Santa é kenótica, toda a dinâmica da vida trinitária de Deus passa pelo movimento da kênosis divina.

Comecemos pelo mistério da kênosis do Deus em Si, na dinâmica da vida intratrinitária. Dar espaço em si para que o outro seja é a mais profunda demonstração do esvaziamento amoroso que vigora entre as Três Pessoas divinas. No Deus Uno e Trino cada Pessoa sai de si para buscar as outras, para entregar-se às outras, para "perder-se" nas outras e para encontrar-se nas outras, e nesse mútuo esvaziamento das Pessoas divinas, nesse entregar-se totalmente ao outro se dá a unidade da Trindade.

À kênosis *ad intra*, no Deus em si, nas eternas e internas relações trinitárias, Balthasar chama de kênosis primordial (primeira kênosis ou kênosis original). Trata-se da dinâmica do amor divino em que cada Pessoa abre espaço para que as outras se encontrem nela. O Pai se encontra no Filho, sem deixar de ser Pai; o Pai só é Pai em relação ao Filho, e o Filho se encontra no Pai, sem deixar de ser Filho; o Filho só é Filho em relação ao Pai, e o Espírito Santo, que é o próprio amor kenótico, só é Espírito no Pai e no Filho, sendo o amor entre os dois. O Espírito só é Espírito no Pai e no Filho. O Espírito se esvazia para ser a relação de amor entre o Pai e o Filho. Ele é o movimento, a dinâmica, o amor, sem deixar de ser Pessoa. O Espírito é Pessoa-dom-que-se-dá.

Toda genuína renúncia é motivada pelo amor e todo amor é despojado, desinteressado. Nesta perspectiva, renúncia não é perda, mas condição de possibilidade de plena realização. A vida trinitária se dá nessa eterna e recíproca saída de si (kênosis) para realizar-se nas outras Pessoas divinas. O Pai, o amante, se esvazia para que o Filho seja amado. O Filho se esvazia para ser o amado do Pai. O Espírito se esvazia para ser o amor entre o Pai e o Filho. O que constitui a paternidade em Deus é o amor-doação, da mesma forma que o que constitui a filiação é o amor-recepção, e o que constitui a expiração é o amor-reciprocidade. Na Trindade imanente, o Espírito Santo é antes de tudo o amor pessoal kenótico que se manifesta escondendo-se na relação entre o Pai e o Filho. O Espírito é a relação, o "espaço", o "lugar" onde Pai e Filho se amam.

A vida *ad intra* de Deus, portanto, é marcada por essa dinâmica de abertura, de saída, de esvaziamento, de entrega amorosa de uma Pessoa às outras. Há profunda relação entre kênosis divina e pericorese divina. O significado de pericorese será aprofundado posteriormente. Basta aqui dizer que o termo remete à habitação de cada Pessoa da Trindade nas outras duas, ou seja, remete ao mistério de plena unidade entre os Três divinos. São esses, kênosis e pericorese, os dois conceitos-chave que melhor nos aproximam do mistério da unidade e das relações do Deus Uno e Trino. Posto isso, a relação entre as duas realidades parece ficar mais nítida. O movimento pericorético, a morada de Uma Pessoa nas outras, é possibilitado pelo movimento kenótico, de abertura, de acolhida. O mistério da comunhão eterna das Pessoas divinas é comunhão kenótica. Todo amor autêntico é kenótico. Trindade é o mistério do amor dinâmico em que cada Pessoa se encontra nas outras, voltada para as outras, aberta às outras e entregue às outras. Todo movimento pericorético na vida *ad intra* de Deus é kenótico e vice-versa. A kênosis na Trindade imanente é o despojar-se de cada Pessoa, por amor; é o dar-se totalmente para viver nos outros e permitir que os outros sejam nele e Ele seja nos outros.

7.2 A kênosis do Filho: a encarnação

A revelação divina é, por si mesma, um acontecimento kenótico. Ao revelar-se, Deus não fica fechado em Si mesmo, mas entra na história, se dá a conhecer fazendo-se comunhão com o ser humano. A dinâmica kenótica das Pessoas divinas entre si extrapola o círculo da Trindade imanente para se comunicar na história, tornando-a lugar teológico, história da salvação. Vejamos a seguir como se dá a kênosis de cada uma das Pessoas da Trindade na sua relação com o ser humano, a começar pelo Filho, que é a Pessoa divina que se une hipostaticamente à natureza humana.

Conforme já mencionado há pouco, a atribuição do termo kênosis se refere, biblicamente, ao mistério do Verbo encarnado, tal como se encontra no hino cristológico da Carta de São Paulo aos Filipenses. "Ele, subsistindo na condição de Deus, não se apegou à sua igualdade com Deus. Mas esvaziou-se a si mesmo, assumindo a condição de escravo, tornando-se solidário com os seres humanos. E, apresentando-se como simples homem, humilhou-se, feito obediente até a morte, até a morte numa cruz" (Fl 2,6-8).

O Verbo se encarnou e se fez servo de todos; entrou na história em pé de igualdade com o ser humano, assumiu não somente a condição humana, mas a de homem servo e servidor. Jesus se fez kenótico, esvaziou-se, desceu e se fez um com o humano, entrou nas águas do batismo, desceu aos sofrimentos das pessoas, assumindo-os inclusive em sua própria carne, e por fim desceu "aos infernos" (expressão para se referir ao tempo da morte de Jesus).

Ele não abriu mão de sua divindade, não deixou de ser divino, mas a viveu no mais profundo desapego, pois "sendo rico se fez pobre por vós, a fim de vos enriquecer com sua pobreza" (2Cor 8,9). Ele se esvaziou de sua condição divina, da glória, majestade, poder, para viver na humilde e total condição humana de servidor, assumindo até mesmo a morte.

Ele permanece Deus, mas viveu sua divindade nos limites e nas contradições da condição humana. Não deixou de possuir a divindade, mas a viveu na condição de servo, na humanidade servidora, colocando sua majestade e poder de lado, como bem testemunha a Carta aos Hebreus: "Embora fosse Filho de Deus, aprendeu a obediência por meio dos sofrimentos" (Hb 5,8).

Para não cair numa visão estática ou pontual do significado da kênosis do Filho é importante enfatizar que toda a vida de Jesus foi vivida na mais radical atitude kenótica, desde o nascimento à morte, desde a manjedoura à cruz. Viveu a dimensão do lava-pés na totalidade de sua existência. Sua vida de radical pobreza testemunha sua condição kenótica do início ao fim de sua existência. Não teve onde reclinar a cabeça (cf. Mt 8,20)[11]. Portanto, kênosis não é em Jesus Cristo um ato estanque, mas foi o modo de viver sua

---

11. "Tão pobre era Ele que estava sempre pedindo emprestado: um lugar onde pudesse nascer (e que lugar!), uma casa onde pudesse pernoitar, um barco de onde pudesse pregar, um animal em que pudesse calvagar, uma sala onde pudesse instituir a Ceia do Senhor e, finalmente, um túmulo onde pudesse ser sepultado" (HENDRIKSEN, 2004, p. 478).

dimensão histórica. Durante todo seu ministério não procurou fazer sua vontade, mas a daquele que o enviou (cf. Jo 6,38). Jesus viveu sua vida numa pró-existência, no esquecimento de si, no serviço incondicional, e pede o mesmo aos seus: "sabeis que entre as nações quem tem poder manda, e os grandes dominam sobre elas. Assim, porém, não há de ser entre vós; ao contrário, se alguém de vós quiser ser grande, seja o vosso servidor, e quem dentre vós quiser ser o primeiro, seja escravo de todos" (Mc 10,42-44).

É na kênosis que as tentações por Ele experimentadas encontram seu real significado. O pano de fundo de todas as tentações são o apelo provocador a abrir mão de sua humanidade servidora e utilizar-se do poder e da prerrogativa de ser Filho de Deus. São tentações que querem levá-lo a adotar as demonstrações de poder e de superioridade em sua missão do anúncio do Reino. O poder dificilmente se coaduna com a kênosis; se não se vigiar constantemente, cedo ou tarde se sucumbe à tentação da glória.

Na morte de cruz, em sua fidelidade até o fim, o esvaziamento de Jesus atingiu seu ponto de máxima renúncia kenótica. Na cruz está a síntese de todas as entregas e renúncias que o Filho de Deus encarnado realizou em seu messianismo de serviço. No despojamento total de Jesus no Getsêmani, na cruz violenta que o levou à morte injusta, toda a Trindade se faz kenótica, toda a Trindade se entrega e participa do sofrimento do Filho, toda a Trindade se despoja e se vê ferida. O Pai não é um espectador da morte de seu Filho, Ele entra na dor de seu amado.

O belo texto a seguir chama a atenção pela participação da Trindade na kênosis de Jesus: "Em toda a vida de Jesus estavam presentes o Pai e o Espírito. São inseparáveis. Em cada descida, humilhação, entrega de Jesus, o Pai e o Espírito também descem. É Deus, é a Trindade que desce, que sofre, que se humilha, que se dá pelo humano. A descida de Jesus, seu serviço, sofrimento e entrega total (autoabandono) é a descida, serviço, sofrimento e abandono do Pai e do Espírito no Filho e com o Filho" (SANTOS & XAVIER, 2008, p. 117).

7.3 A kênosis do Pai: a criação

Toda a criação é obra da Trindade. O Pai cria voltando-se para o Filho, na potência do Espírito. Em outras palavras, Deus Pai cria à imagem do Filho, na força do seu Espírito vivificador. Santo Irineu, numa bela intuição, diz que o Filho e o Espírito são as duas mãos com as quais Deus criou o mundo. Em Gênesis, o Espírito, vento impetuoso, soprou sobre as águas primordiais, para que a vida surgisse (cf. Gn 1,2). Antes da fundação do mundo, o *Logos* já estava na "superfície da terra", como "mestre de obra" (cf. Pr 8,30-31). A literatura sapiencial do Antigo Testamento narra o universo como fruto da sabedoria de Deus (cf. Sb 9,9).

São Paulo desenvolve sua teologia da criação afirmando que todas as coisas foram criadas nele, por Ele e para Ele, nele tudo subsiste (cf. Cl 1,15-20). Além do texto aos Colossenses, outro texto da Carta aos Coríntios expressa a mesma ideia de fundo: "para nós não há mais do que um só Deus, o Pai de quem tudo procede e para quem nós existimos; e um só Senhor, Jesus Cristo, por quem existem todas as coisas e nós também" (1Cor 8,6). São João, ao identificar Jesus Cristo com o *Logos* divino e com a Palavra de Deus, afirma que foi por ela que tudo foi feito (cf. Jo 1,3).

É pela ação do Espírito que a criação, criada por Cristo e em Cristo, recebe o sopro da vida. É Ele que sustenta tudo e renova a face da terra (cf. Sl 104,30). Ele é a presença divina que está "compenetrando e vivificando o mundo por dentro" (JOÃO PAULO II. *Dominum et Vivificantem*, 1986, 54). Nas palavras de Moltmann, "o Espírito é a força criadora e a presença de Deus na sua criação. Toda a criação é uma realidade cunhada pelo Espírito"

(MOLTMANN, 1993, p. 151), e é por isso que a criação participa da comunhão trinitária, pois o Espírito liga o ser humano a Deus e Deus ao ser humano.

Fica evidente, portanto, a participação da Trindade na obra da criação. A afirmação de Moltmann é emblemática e nos ajuda a melhor entender o papel de cada Pessoa divina no mistério da criação. "Na criação, toda a atividade parte do Pai. Dado, porém, que o Filho, como o *Logos*, e o Espírito, como a Força, participam dela a seu modo; mas em igual medida, a criação deve ser atribuída à unidade do Deus uno e trino" (MOLTMANN, 2011, p. 124). Conclui Boff: "A criação é da Trindade, vem da Trindade, vai para a Trindade, espelha a Trindade, mas não é a Trindade" (BOFF, 1986, p. 267).

Se toda a criação é obra da Trindade, isso significa que Deus cria a partir da unidade e da comunhão, ou seja, Ele deixa suas marcas trinitárias em cada ser criado. O universo inteiro e, em particular, cada ser humano, criado à imagem e semelhança da Trindade (cf. Gn 1,26), estão marcados pela "lei trinitária", carregam em sua essência as marcas da comunhão, da participação, da inclusão, da alteridade e do não fechamento em si mesmo. Os vestígios da Trindade estão impressos no ser humano e em todo o cosmo, o que significa que em tudo há uma misteriosa força amorosa, integradora, que conduz à comunhão que liberta e aproxima. Todo o universo está inter-relacionado e vocacionado à comunhão, graças ao dinamismo trinitário que o sustenta e o habita. O ser humano e toda a criação, porque emanam do Deus comunhão, foram criados para relacionar-se, trazem em sua estrutura ontológica a inter-relacionalidade, a convivialidade, a saída de si, o voltar-se para o outro.

Do mesmo modo, a pluralidade, a diversidade existentes no universo são reflexos da pluralidade em Deus, que são Três Pessoas em profunda comunhão de amor. Toda a beleza da biodiversidade do planeta, além de ser uma realidade querida e desejada por Deus, testemunha a incomensurável riqueza em Deus. Isso nos leva a concluir com muita facilidade que diversidade não é ameaça à convivência, mas ao contrário, é reflexo daquilo que Deus é em si mesmo. Pensamentos monolíticos, culturas homogêneas, eliminação do diferente e tantas outras formas de imposição é grave atentado à Santíssima Trindade. Toda desintegração, desamor, egoísmo, desigualdade e injustiça é um grave ataque contra o Deus Trindade que cria por amor e imprime em tudo as marcas da comunhão e da unidade que constituem a vida divina. Salta negativamente aos olhos a discrepância do continente latino-americano em que a maioria absoluta dos países é formada por cristãos que professam a fé no Deus Trino e, no entanto, a desigualdade social está cada vez mais gritante.

7.3.1 A gratuidade da criação

Já desde o início o cristianismo, em sintonia com a fé judaica, expressou sua fé no Deus criador, afirmando que Ele cria tudo a partir do nada (*creatio ex nihilo*), cuja expressão remete à pura gratuidade de Deus, que cria tudo exclusivamente a partir de seu amor e de sua liberdade. Não há nenhuma coerção externa que fez Deus criar. Se o cria é porque livremente deseja a criação. Dizer que Deus cria a partir do nada significa reconhecer que tudo o que existe se deve ao puro amor trinitário, é fruto do transbordamento do amor que constitui as Pessoas divinas.

Nessa perspectiva, não há outro lugar mais transparente para falar da kênosis do Pai do que na ação criadora. O gesto criador acontece a partir da renúncia do Pai que, por amor, se retrai para que possa existir o diferente fora dele. Deus se retrai, se esvazia em favor da existência da criação. O tema da retração de Deus, de sua autolimitação no gesto criador, é pouco tratado na teologia cristã, ao passo que na tradição judaico-cabalística ela é bem mais explorada. Há, nessa tradição, a ideia ou a doutrina do *Zimzum*, que significa *concentração, contração*, e remete à contração de Deus ao retirar-se de Deus para dentro de si no gesto criador. Em Deus, "cada ato para fora é precedido de um ato para dentro, que possibilita o exterior. Portanto, Deus cria, sempre e continuamente, tanto para dentro como para fora. Ele cria na medida em que, e por que, se retrai [...]. A criação é uma obra da humildade divina e do recolhimento de Deus para dentro de si" (MOLTMANN, 2011, p. 121).

Porque nada obrigou Deus a criar, ela, a criação, é pura obra da sua infinita e eterna gratuidade. Deus cria porque é eternamente amor. É próprio do amor dar espaço para que o outro, diferente de si, exista. Ao criar, Deus gratuitamente se retrai, abre espaço para que o outro diferente dele venha à existência. Na vida interna de Deus, naquele "espaço" kenótico em que cada Pessoa divina está nas outras, desde sempre existe espaço para a criação. Nessa mesma perspectiva, "A Trindade cria o diferente para se comunicar com Ele" (BOFF, 1986, p. 265). O amor trinitário não é fechado em si mesmo, está aberto à criação. O amor mútuo entre as Três Pessoas da Trindade é aberto para fora, de tal forma que a criação é o transbordamento desse amor. A criação é resultado do amor transbordante das Pessoas divinas e do eterno despojamento divino. A criação resulta da irradiação do bem e do amor que é a própria Trindade.

Deixar espaço ao outro e se comunicar com o outro pertence à essência da Trindade Santa. Fomos pensados por Deus naquele "espaço" intradivino entre o Pai, o Filho e o Espírito. O amor trinitário é aberto à diversidade criatural, permitindo a vida fora do círculo divino, trazendo à existência o cosmo, o universo, o ser humano, enfim, as mais diversas expressões de vida. Esse movimento de retirar-se para possibilitar a vida fora de si é entendido como movimento uterino de Deus, semelhante a uma contração visceral, como uma mãe que gera dentro de si para depois dar à luz o que foi gestado no seu ventre. "Deus retira-se de si mesmo para si mesmo para tornar possível a criação. A sua atividade criadora para fora é precedida por esta humilde autorrestrição divina!" (MOLTMANN, 1993, p. 138).

Outra verdade dessa dinâmica amorosa criadora de Deus é que a criação não é algo do passado, um evento remoto. A criação divina é criação permanente. Deus Trindade cria e continua sustentando sua criação, pela presença silenciosa e fecunda do Espírito. Dos lábios de Jesus nos é dirigida essa certeza de que Deus criador está permanentemente recriando. "Meu Pai continua trabalhando até agora e eu também trabalho" (Jo 5,17). Um poema da tradição do antigo Oriente, em poucas palavras, traduz a criação permanente pela força do Espírito: "O Espírito dorme na pedra, sonha na flor, acorda no animal e sabe que está acordado no ser humano".

Diante da atual mercantilização da vida humana e da natureza é preciso sempre de novo reafirmar a gratuidade de Deus ao criar o ser humano, sua imagem e semelhança, e todas as outras criaturas. O eco do louvor de São Francisco diante da maravilha da criação ainda hoje ressoa em nós e no universo: "Louvado sejas, meu Senhor, por todas as tuas criaturas".

O teólogo espanhol André Torres Queiruga tem desenvolvido com maestria a ideia de que Deus cria por amor, por "puro amor", e nesse amor sustenta a criação a partir de dentro, sustentando-a. A presença amorosa e gratuita do Criador na criatura a impulsiona para sua plena realização e salvação. Nas palavras do autor, "o homem descobre em sua emergência a força criadora e salvadora de Deus que o pressiona para sua realização" (QUEIRUGA, 1995,

p. 202). O Deus de Jesus Cristo não é um Deus intervencionista, que age a partir de fora, estando distante do mundo criado. A compreensão de um Deus indiferente, insensível, cujo agir em prol do humano precisa ser conquistado através de súplicas, trai o rosto de Deus revelado por Jesus Cristo e anula a primazia absoluta da gratuidade divina.

A crítica, portanto, de Queiruga ao Deus intervencionista tem sua razão de ser, uma vez que tal concepção divina elimina toda iniciativa de Deus, além de não nos permitir ver um Deus presente que cria e recria no amor todas as coisas. Para Queiruga, "Deus 'está' no dinamismo que impulsiona o real à realização, na força salvadora que incita, potencia e solicita nossa vida rumo à plenitude" (QUEIRUGA, 2011, p. 96). Continua o autor: "Deus entra na história e transforma o mundo não à base de milagres e intencionismo, e sim através de sua presença reveladora na liberdade do homem" (QUEIRUGA, 1995, p. 205).

A criação não foi um ato que ocorreu lá nos inícios, mas um processo vivo que acontece a cada momento, pois Deus está permanente e gratuitamente dando o ser à criatura, sustentando-a para sua plena realização. Isso nos leva a concluir que por trás de tudo o que existe há esse impulso do cuidado, da gratuidade, do espaço ao outro. Não é o egoísmo a lei maior que rege o universo, mas o cuidado, a abertura, a doação.

7.3.2 *Kênosis de Deus na liberdade da criação*

Concomitante e inseparável à criação do ser humano está a real possibilidade da não correspondência da criatura para com seu criador; ou seja, Deus, ao criar, está sujeito ao risco da não correspondência amorosa por parte do ser humano, criado à sua imagem e semelhança.

O criador está sujeito ao "não" da criatura. Criar é arriscar-se, e quando a criação é fruto do amor, a dor do não é infinitamente maior. O arriscar-se de Deus é outra expressão da kênosis de Deus Pai criador. O amor ama sem por que, sem jamais obrigar o outro a amá-lo. Deus não pode e não quer obrigar o ser humano a amá--lo. Deus é o mendicante que espera à porta do coração humano, para que, na liberdade que lhe é própria, o acolha (cf. KOUBET-CH, 2004, apud SANTOS & XAVIER, 2008, p. 117).

Deus Pai não cessa de criar seres livres que possam amá-lo, mas com a mesma intensidade recusá-lo, pois Deus é amor e o amor nada obriga. Na sua kênosis o Pai deu ao ser humano o presente maior que é o dom da liberdade, mesmo ciente do risco que ela comporta. Esse "mistério humano da liberdade constitui o risco do Criador e também a sua kênosis [sua descida e humilhação] mais radical: 'Deus tudo pode, salvo obrigar o humano a amá-lo'; 'todo grande amor é necessariamente crucificado'" (KOUBETCH, 2004, p. 91).

Deus Pai é onipotente em seu amor e nunca na força da coerção. A ação criadora, que cria seres livres, é, portanto, um risco para Deus. A liberdade que é fonte da construção do Reino de Deus no aqui e agora pode ser também caminho de destruição e de morte. Nem sempre ela está pronta para responder à altura de sua grandeza. A cruz de Jesus é o sinal mais eloquente da kênosis de Deus, que ao criar seres livres está disposto a assumir todos os riscos. Nem seu próprio Filho foi poupado dos riscos do mau uso da liberdade, como mostra a morte violenta e injusta na cruz. Na cruz, a Trindade experimenta o máximo despojamento kenótico ao sofrer a rejeição e a recusa ao seu amor gratuito. São Paulo aos filipenses entrevê a atitude kenótica do Filho, Ele que "humilhou-se, feito obediente até a morte, até a morte numa cruz" (Fl 2,8).

Se a cruz, por um lado, denuncia a liberdade humana corrompida, por outro, ela será sempre expressão da força onipotente que vence pelo amor humilde e humilhado e jamais pela violência. No mistério da paixão, morte e ressurreição de Jesus, o homem descobre o verdadeiro rosto amoroso-onipotente de Deus. Ele vai até as últimas consequências desse amor pelo ser humano, pois o fato de o Pai não ter poupado o próprio Filho expressa que nada, literalmente nada, pode impedir a eloquência do amor-onipotente e paterno de Deus Pai pela humanidade.

7.3.3 Trindade e ecologia integral

A partir da kênosis do Pai no ato criador, e da presença de toda a Trindade na maravilha da criação, se faz oportuno uma palavra a mais sobre a ecologia e o cuidado com a criação. A profissão de fé na Santíssima Trindade suscita em quem crê inspiração permanente para novas relações em todos os níveis, seja no âmbito humano, social, econômico, eclesial e ambiental. Porque o ser humano é imagem e semelhança da Trindade, por ser criado pela Trindade Santa, em suas relações e em seu estar situado no mundo devem brilhar aquele dinamismo relacional e envolvente através do qual tudo foi criado. Essa é a vocação fundamental de toda a criação, de modo todo especial a do ser humano: relacionar-se com todos e com tudo de forma harmoniosa, como bem recorda o Papa Francisco: "nós e todos os seres do universo, sendo criados pelo mesmo Pai, estamos unidos por laços invisíveis e formamos uma espécie de família universal, uma comunhão sublime que nos impele a um respeito sagrado, amoroso e humilde" (*LS* 89). Continua Francisco: "e o mundo, criado segundo o modelo divino, é uma trama de relações" (*LS* 240). Cabe agora, portanto, e se fez necessário, à luz do mistério relacional do Deus Triúno, dizer uma palavra que vá além e, ao mesmo tempo, denuncie a relação entre ser humano e natureza, marcada pelo tecnocentrismo dominador e usurpador.

É premente repensar a relação com o meio ambiente a partir do que o papa chamou de "ecologia integral", a única capaz de articular uma série de questões interconectadas entre si: questão ambiental, justiça social, crise ambiental e desigualdade social, além de outras questões. Parece ser essa a intenção primordial do Papa Francisco em sua Encíclica *Laudato Si'*, cujo subtítulo intitulado "sobre o cuidado da casa comum" fala por si.

Em vários números da encíclica o papa manifesta seu intento fundamental: chamar a atenção para a íntima e profunda conexão entre questões ambientais e sociais, ao que ele chama de "ecologia integral". "Do momento que tudo está intimamente relacionado e que os atuais problemas exigem um olhar que atenda a todos os aspectos da crise mundial [...] proponho uma ecologia integral que compreenda claramente as dimensões humanas e sociais" (*LS* 137). A atual crise ambiental não permite ser desconectada de outras crises, sobretudo a da justiça social, por isso a busca de soluções precisa ser igualmente integrada, como aparece claro no n. 139 da encíclica: "Não há duas crises separadas: uma ambiental e outra social; mas uma única e complexa crise socioambiental. As diretrizes para a solução requerem uma abordagem integral para combater a pobreza, devolver a dignidade aos excluídos e, simultaneamente, cuidar da natureza" (*LS* 139).

Olhar as questões ecológicas unilateralmente, a partir tão somente do enfoque ambiental, foi o grande erro cometido por gerações. É urgente, hoje mais do que nunca, dar-se conta de que "toda análise dos problemas ambientais é inseparável da análise dos contextos humanos, familiares, trabalhistas, urbanos e da relação de cada pessoa consigo mesma que cria um determinado modo de relação com os outros e com o ambiente" (*LS* 141). Nas palavras do papa, é urgente a "conversão à ecologia integral", pois "nunca maltratamos e ferimos nossa Casa Comum como nos últimos dois séculos" (*LS* 53).

O estudo da teologia trinitária só tem sentido à medida que leva o ser humano a experimentar a Trindade, a vivê-la e a deixar-se fecundar pelo dinamismo amoroso que emana dela e habita todas as coisas. É nesta perspectiva que se situa o apelo à conversão ecológica da *Laudato Si'*, explicitamente nos n. 216 a 221. Trata-se da conversão não para este ou aquele aspecto ambiental, mas conversão à comunhão universal, conversão a novas relações ambiental, econômica, social, política, geográfica e cultural, na consciência de que "tudo está relacionado" (*LS* 120), em profunda dependência entre tudo e todos, sem dicotomia ou dualismos. Esse é o sonho do Papa Francisco. "Que nosso tempo seja lembrado pelo despertar de uma nova reverência face à vida, pelo compromisso firme de alcançar a sustentabilidade, pela intensificação da luta pela justiça e pela paz e pela alegre celebração da vida" (*LS* 207). A nova reverência de que o papa fala é nova forma de habitar a casa comum, não mais pelo domínio da lógica capitalista, mas pela integração de tudo com todos, onde o ser humano se sente filho, e não proprietário da grande gaia mãe terra. Conversão "à ecologia integral" é conversão para novo estilo de vida, diferente modo de produzir e consumir, permitindo que o bem comum prevaleça sobre a ganância individual, geradora de incontável número de excluídos e mortos.

Nesse processo de conversão ecológica importa a pergunta: de que forma a fé do Deus Trino pode contribuir para a superação dessa crise socioambiental que a humanidade está atravessando? O apelo à "conversão à ecologia integral" em tudo aquilo que essa expressão significa nos reporta àquelas dimensões centrais do mistério trinitário, especialmente a pericorese e a kênosis. O paradigma tecnocrático do poder e da dominação, do consumo exacerbado nada tem de kenótico. A compreensão totalmente equivocada de Gênesis, na passagem em que o Autor da vida convida o ser humano a cuidar da criação, foi interpretada como exploração, dominação.

Podemos dizer que o sentido mais profundo da expressão "casa comum" nos remete ao modo como as Pessoas trinas habitam umas nas outras, remete às relações sem subordinacionismo, remetem à mesma essência divina, compartilhada pelos Três; enfim, casa comum pode ser entendido como um conceito não somente sociológico mas teológico. Na Trindade tudo é comum, a não ser as propriedades particulares as quais são necessárias para que uma Pessoa se de às outras e estabeleça comunhão com elas. É nessa perspectiva que a dinâmica de vida do Deus Trindade é fonte de vida que nos ajuda a "sair da espiral de autodestruição onde estamos afundando" (*LS* 163).

O modo como a criação está unida e interpenetrada reflete a pericorese divina. Se na criação "tudo está interligado", isso se deve ao fato de ter sido criada pela comunhão amorosa do Pai, do Filho e do Espírito Santo, embora por séculos o modo do ser humano habitar a casa comum passou longe do dinamismo pericorético trinitário. O antropocentrismo não faz comunhão com a natureza. Habita-a tecnocraticamente, a partir de fora, de cima, na lógica do domínio e da exploração máxima dos recursos naturais, com a pseudoideia de que eles são inesgotáveis. "É necessário voltar a sentir que precisamos uns dos outros, que temos uma responsabilidade para com os outros e o mundo" (*LS* 229).

A crise socioambiental é crise antropológica, errôneo modo de habitar uns com os outros e com a natureza. Há uma "raiz humana na crise ecológica" (*LS* cap. III), que é incapacidade de fazer-se um com a natureza, de viver pericoreticamente na casa comum[12].

---

12. Outra evidência da relação entre justiça ecológica e justiça social que nos foi dada a conhecer está no vírus que atingiu a humanidade, denominado Covid 19. Inúmeras reflexões apontam a relação entre o surgimento do vírus e a destruição dos ecossistemas pelo ser humano. O vírus, que matou milhares, deixou outros milhares na pobreza extrema. O Coronavírus recordou a gritante desigualdade social existente no mundo. Mostrou mais uma vez a nossa pequenez, nossa dependência uns dos outros. A pandemia nos obriga a repensar nossa relação socioambiental. Não é possível que a humanidade não saia diferente desse mal global.

São Francisco foi certamente a pessoa que melhor viveu a ecologia integral, reconhecendo a grandeza do Criador e sentindo-se irmão de todas as criaturas. "Louvado sejas, meu Senhor, pela nossa irmã, a mãe Terra, que nos sustenta e governa e produz variados frutos com flores coloridas e verduras". Ele via o universo como uma realidade viva, com valor e dignidade em si mesmo, independentemente do valor mercantil conferido pelo mundo do capital. Com propriedade denuncia o documento da Conferência de Aparecida: "na globalização, a dinâmica do mercado absolutiza com facilidade a eficácia e a produtividade como valores reguladores de todas as relações humanas" (*DAp* 61). Francisco de Assis tem muito a dizer à humanidade sobre o cuidado da casa comum. É ele o patrono da ecologia e simultaneamente o amante dos pobres, o amigo dos leprosos. Essas duas dimensões na vida de Francisco de Assis corroboram a intuição genial do Francisco de Roma, em que justiça ecológica e justiça social andam de mãos dadas. Há uma dívida ecológica enorme dos ricos para com os pobres (*LS* 51). O clamor da terra ecoa no clamor dos pobres, e vice-versa[13]. Precisamos escutar os dois gritos como se fossem um só, pois eles o são.

O Sínodo especial para a Amazônia, convocado pelo Papa Francisco e realizado em outubro de 2019, é uma continuação da Encíclica *Laudato Si'*, haja vista o seu título: "Amazônia, novos caminhos para a Igreja e para uma ecologia integral". A vida foi o tema central do Sínodo, que se propôs a reassumir o compromisso com a defesa da vida, da terra e das culturas, da biodiversidade, dos povos ribeirinhos, dos povos indígenas. O Sínodo da Amazônia marcou o profetismo da Igreja diante da vida e da cultura do povo amazônico ameaçadas. Merece destaque o processo de escuta na preparação do Sínodo. Inúmeras questões foram levantadas a

---

13. Confira a obra de Leonardo Boff *Ecologia*: grito da terra, grito dos pobres. São Paulo: Ática, 2004.

partir da escuta da realidade dos povos locais, atitude profundamente kenótica da parte da organização do Sínodo que soube escutar a voz da natureza e dos pobres, a voz da Igreja local.

O Sínodo foi marcado pela busca de uma Igreja com o rosto amazônico. O mistério de comunhão trinitária não anula a pluralidade de Pessoas em Deus. O Um em Deus não anula os Três, mas ao contrário os supõe. Assim, o mistério de comunhão da Igreja universal só é legítimo se for concretizado no verdadeiro respeito e valorização da diversidade das Igrejas locais, com rosto próprio, com ministérios próprios, enfim, Igrejas locais genuinamente marcadas por suas identidades e suas eclesiologias unidas na eclesialidade.

7.4 A kênosis do Espírito Santo: a inabitação

Cabe agora sondar o "lugar" e o modo como se realiza o movimento kenótico do Espírito Santo. A kênosis do Pai se concretiza na criação, a do Filho na encarnação. É próprio do Filho a encarnação, isto é, a união hipostática do Verbo com nossa humanidade, mas o Espírito também "desce" para ser presença permanente no coração dos fiéis e no coração do mundo. Assim como há a saída do Verbo, enviado pelo Pai para assumir a natureza humana, há também o envio do Espírito em direção ao mundo, ao coraçao dos humanos para ser força vivificante.

O Espírito é a Pessoa mais oculta, a mais invisível, e por que não dizer, a mais kenótica das Três Pessoas da Trindade. Na economia da salvação o Espírito não tem lugar próprio. Seu lugar é o Cristo, a comunidade, a Igreja, o mundo e, de modo especial, habita no humano, que é seu templo, sua habitação, sua morada. Em várias passagens do Novo Testamento encontramos a afirmação de ser o humano a casa do Espírito. Na primeira Carta aos Coríntios São Paulo indaga: "Ou não sabeis que vosso corpo é templo do

Espírito Santo, que está em vós e que recebestes de Deus, e que, portanto, vós não vos pertenceis?" (1Cor 6,19; cf. Ef 2,22; 1Cor 3,16-17; 2Cor 6,16; Rm 8,9-11).

A teologia chama de inabitação a morada do Espírito no interior do humano e no íntimo de todas as realidades criadas. Ele se oculta silenciosa e eficazmente no humano e no íntimo de todas as coisas, penetrando o interior de toda realidade. Ele não revela a si mesmo, não fala de si, fala do Pai e do Filho, quer que ambos sejam glorificados. Totalmente sem interesse próprio, Ele quer tornar presente o Cristo. A ação do Espírito é interior, discreta, invisível aos olhos dispersos. É presença fecunda no escondimento, não se manifesta de forma barulhenta. Sua ação é interior e silenciosa, fecundante. Ele ilumina tudo sem aparecer, sem se mostrar. Ele se esconde nas obras do Pai, nas obras do Filho e nas obras de amor de homens e mulheres de bem.

É por meio de símbolos que os textos bíblicos nos permitem visualizar essa presença eficaz e kenótica do Espírito em tudo o que existe. Enquanto que o Filho tem um rosto visível em Jesus Cristo, e o Pai de igual modo é facilmente visualizado, até mesmo pela facilidade da linguagem humana que nos permite projetar nossa experiência de sermos filhos à figura de Deus Pai, o Espírito não tem um rosto tão facilmente identificado. Dentre outros símbolos que as Escrituras atribuem ao Espírito, eis os principais: água (Is 44,3; Jo 7,39; 1Cor 12,13; Ap 22,17), o fogo (Ex 3,2; 13,21; Mt 3,11; Lc 3,16-17; Ap 4,5; At 2,3), o óleo (1Sm 10,1; 16,13; Sl 92,10; Sl 133,2; Am 6,6; Sl 45; Lc 4,18; At 10,38; Hb 1,9), o vento (Gn 1,2; Ez 37,9.13; Jo 3,8; At 2,2), a pomba (Jo 1,32-33; Lc 3,22), a nuvem (Ex 24,15-18; Ex 33,9-10; 1Rs 8,10-12; Lc 1,35; 9,34-35; At 1,9). Por meio desses exemplos, corrobora-se, portanto, a dimensão kenótica e discreta do Espírito, cuja presença, para ser melhor captada, necessita que se faça uso de símbolos e de imagens.

Não podemos deixar de perceber o movimento que a inabitação do Espírito provoca no humano. A presença do Espírito no interior do humano provoca nos homens e mulheres abertos à sua ação uma saída de si, um êxodo, em outras palavras, uma kênosis que os fazem romper com os apegos, com as vaidades e com tudo aquilo que fecha o ser humano nele mesmo. Esclarecedoras são as palavras de Bingemer e Feller: "O Espírito, portanto, altera o espaço interior e exterior dos seres humanos. Sua experiência implica o ser humano viver no espaço do outro e admitir que o outro viva em seu próprio espaço" (BENGEMER & FELLER, 2002, p. 110). O humano é recriado pela presença discreta do Espírito em seu interior, é feito nova criatura, traz em seu corpo as marcas do Cristo e do Espírito. A morada do Espírito no íntimo do ser humano atesta que Ele é uma carta da Trindade, "uma carta de Cristo, redigida por nosso ministério e escrita não com tinta mas com o Espírito de Deus vivo, não em tábua de pedras mas em tábuas de carne, isto é, em vossos corações" (2Cor 3,3).

A função do Espírito é ligar o Pai ao Filho e o Filho ao Pai, o céu e a terra, Deus com os homens, os homens com Deus, e os homens entre si. Ele tem a função de estabelecer o primeiro contato. O Espírito quer ser a ponte, o caminho e não a chegada. Ele está presente nas obras do Criador, nas ações do Filho e nas ações de amor entre os homens. "O Espírito é o ambiente divino em que todas as criaturas comungam umas com as outras, é óleo e laço, união da biodiversidade do universo" (SUSIN, 2010, p. 39-40). Ele tem a função de "primeirear", de estabelecer o primeiro contato: "O papel específico do Espírito é estabelecer o primeiro contato, que é depois seguido, existencialmente e não cronologicamente, por uma revelação do Filho e, por meio dele, do Pai. O ser pessoal do Espírito permanece misteriosamente oculto, mesmo se ele age em todo momento importante da atividade divina: Criação, redenção, cumprimento final. A sua função não é revelar a si mesmo, mas revelar o Filho [...]" (KOUBETCH, 2004, p. 97).

Resumindo, dupla é a kênosis divina: na vida interna da Trindade e na sua relação com a criação. A dinâmica da kênosis trinitária na vida interna de Deus se realiza nas relações das Pessoas divinas. O Pai eternamente sai de si e abre espaço para o Filho, o Filho sai de si para acolher o amor do Pai, o Espírito sai de si para ser o espaço de encontro entre o Pai e o Filho. Na Trindade ninguém vive para si, ninguém é fechado em si mesmo. Renunciar à posse de si e do outro para melhor ser para o outro e no outro é o princípio estruturante da vida do Deus Uno e Trino e, por isso, também da existência humana.

A kênosis da Trindade na economia da salvação se dá de forma mais evidente e visível na encarnação do Filho, que renuncia a todos os atributos divinos para viver sua divindade na mais profunda humanidade, mas igualmente se dá no ato criador em que Deus Pai se retrai para dar espaço ao diferente dele que é a criação. A Deus, permitir que exista o diferente dele que é a criatura, e mais do que isso, que possa viver sua existência na liberdade, é sinal de autolimitação do Pai.

O Espírito se faz kenótico em sua presença silenciosa, discreta e vivificante no universo e de modo todo particular no humano, sustentando-o e impulsionando-o para a realização plena. O Espírito se esconde para que se manifeste o outro, seja ele o Pai e o Filho, seja os filhos adotivos que somos nós.

7.5 O Deus kenótico diante da cultura da prosperidade

Certamente a reflexão do autoesvaziamento de Deus causa mal-estar diante da atual cultura religiosa que espalha aos quatro cantos a imagem de um deus tapa-buraco, quebra-galho, legitimador de uma religiosidade de resultados imediatos e intimistas. Causa mal-estar a reflexão da kênosis divina diante do hodierno contexto cultural, social e econômico marcado pela busca do sucesso, do comércio de bens, valores e pessoas, onde perder é inaceitável e ceder é fracasso. O próprio Jesus sentiu no círculo de convivência com os seus discípulos a dificuldade de apresentar uma proposta de vida pautada na renúncia de privilégios e de poder. Sua proposta de vida aos seus seguidores é clara: o desejo de ser grande deve ser transformado na capacidade de ser pequeno, a ânsia pelo primeiro posto ceda lugar ao dom do serviço (cf. Mt 20,26).

É importante que se diga que o neopentecostalismo, representante máximo da lógica da prosperidade, não é apenas um movimento religioso. É, antes, uma mentalidade, uma cultura em voga que se faz presente nas mais diversas dimensões da sociedade, inclusive na dimensão religiosa. Reside aqui uma profunda relação dialética: o cultural influencia o religioso e o religioso sustenta o cultural. Se uma das principais marcas do atual momento histórico parece ser a primazia do "eu", com fortes cores do individualismo em detrimento do "nós", não nos é tão difícil captar por que cresce tanto uma religiosidade por demais individualista. Na mesma perspectiva, uma cultura que prima pelo econômico, como eixo norteador e articulador das relações sociais, produz inevitavelmente uma tendência religiosa consumista, que estabelece relações comerciais com o divino.

Aceitar o Deus kenótico exige profundas conversões religiosas, sociais, estruturais, pessoais e comunitárias. A insistência no Deus todo-poderoso, entendido como um mago, taumaturgo, capaz de determinar a toque de mágica o desdobramento da história é incompatível com o Deus revelado por Jesus Cristo, que assume a fraqueza da carne, se faz indefeso e experimenta o peso da cruz até as últimas consequências.

Anunciar o Deus kenótico exige da Igreja e de seus líderes a disposição para o despojamento e para o serviço despretensioso, na alegria de servir sabendo que somos servos inúteis (cf. Lc 17,10). Quantas tentações batem à porta da Igreja, da hierarquia, dos ministros, dos agentes de evangelização! O Papa Francisco, sabiamente, não deixa de nos alertar contra tais perigos. Por outro lado, tantos exemplos na Igreja e na sociedade de doação kenótica, de serviço silencioso, que remetem ao modo de agir do Espírito Santo.

Professar a fé na Trindade é estar disposto a entrar em novas relações sociais, econômicas, ecológicas, eclesiais, a partir dessa espiritualidade kenótica em que todos reconhecem a própria condição de filhos e de criaturas, por isso a mútua pertença e responsabilidade de uns para com os outros, sem qualquer vestígio de domínio ou superioridade.

8
O processo de construção dos dogmas trinitários

A partir da revelação histórica da Trindade por e em Jesus, e da experiência de fé dos discípulos de que Deus é Pai, Filho e Espírito Santo, os cristãos dos primeiros séculos do cristianismo deram início a um longo e árduo processo de construção teológico-sistemática sobre a Trindade, marcado por calorosos embates e profundas reflexões e suas sistematizações, até desembocar nos dogmas trinitários nos concílios de Niceia e Constantinopla.

No Novo Testamento não encontramos a elaboração teológica, o discurso sistematizado sobre a Trindade. Encontra-se lá a fé, a experiência de Deus Uno e Trino que homens e mulheres fizeram em Jesus Cristo, e que Ele próprio fez com seu Pai e com seu companheiro inseparável, o Espírito Santo. No Novo Testamento temos a doxologia, a experiência, a fé, o êxtase, o louvor à Trindade Santa. Somente depois, num segundo momento, com os primeiros intelectuais cristãos veio o discurso teológico, elaborado, sistematizado, na tentativa de entender a realidade íntima do mistério da Trindade em si, nas eternas relações internas entre as Pessoas divinas. Dito com outras palavras, respaldados e fundamentados no Novo Testamento, na revelação oferecida por Jesus Cristo, os estudiosos da Igreja primitiva buscaram se aproximar, sondar, balbuciar sobre o mistério do Deus em Si mesmo, o qual a teologia chama de Trindade imanente.

Trata-se de um processo longo e gradativo, com acertos e erros, marcado por embates, por vezes bastante acirrados. Nesse processo é nítida a influência da cultura não cristã, a utilização de linguagem helenista e grega e tantas outras questões que mostram a complexidade para se aproximar racionalmente do mistério maior da fé cristã. Nesse contexto de intensa busca da verdade e do mistério de Deus, as heresias daquele período não podem ser olhadas com carga de moralismo. Elas são parte inevitável desse rico processo de clarificação de Deus, impulsionando a perene busca do rosto relacional de Deus.

Nos três primeiros séculos desse processo de sistematização trinitária as questões se concentraram quase que exclusivamente nas relações entre o Pai e o Filho, com parcas menções ou definições sobre o Espírito Santo. A questão central que pautava as discussões era a relação Pai e Filho, Deus e Jesus Cristo. Jesus era Deus ou criatura de Deus? Ele é criado ou gerado? Como conciliar a herança da fé do Antigo Testamento na qual Deus é o único Senhor do céu e da terra com a novidade de Jesus Cristo, morto e ressuscitado, a quem as comunidades começaram a chamá-lo de Senhor, Filho de Deus? São questões que o Concílio de Niceia teve que dar uma resposta. Num segundo momento o Espírito Santo entra na pauta das discussões. É também Ele divino, igual ao Filho? Estaria Ele subordinado ao Pai e ao Filho? No Concílio de Constantinopla tais questões foram respondidas. Posteriormente, outras questões cristológicas aparecem, agora relacionadas à relação entre as naturezas divina e humana em Jesus Cristo. Jesus, o Filho de Deus, é mais divino ou mais humano? Tem Ele duas ou uma natureza? Como se relacionam em sua pessoa a natureza humana e divina? Os concílios posteriores a Constantinopla, na busca de salvaguardar a integridade das duas naturezas, deram uma resposta a essas e a outras questões.

As primeiras tendências reducionistas e equivocadas sobre o mistério cristológico trinitário têm como pano de fundo o monarquismo divino, isto é, forte insistência na unicidade de Deus. Deus é um e único. Os teólogos cristãos Noeto e Praxeias no século II e Sabélio no século III são os responsáveis por sua difusão. As ideias de Sabélio ficaram conhecidas como modalismo (ou sabelianismo), por defender que o Deus único se revelou através de três modos de ser. Deus é um e único; contudo, em sua comunicação na história, Ele se mostrou sob três modos, como que usando três máscaras. No modalismo não há comunhão em Deus. Deus é solitário, não faz comunidade. Outra expressão do monarquismo é o adocionismo, segundo o qual Jesus teria sido adotado por Deus no momento do batismo; portanto, não é da mesma natureza, consubstancial a Deus.

Além do modalismo e do adocionismo, outra tendência marcante nos primeiros séculos foi o subordinacionismo. Há uma hierarquia e subordinação nas Pessoas divinas. Jesus Cristo merece toda veneração, mas não se pode igualá-lo a Deus. Ário é seu principal representante. No Concílio de Niceia Ário foi condenado e confirmada a doutrina da consubstancialidade do Filho. O Filho é da mesma substância do Pai. É somente mais tarde, no Concílio de Constantinopla, que entram em cena as discussões mais profundas sobre a divindade do Espírito Santo.

Portanto, o processo de construção do dogma trinitário é deveras rico e não menos complexo. Se muitas foram as interpretações equivocadas do mistério nessa busca de conhecê-lo com profundidade, enormes foram as contribuições e as intuições que permitiram mergulhar no mistério e intuir e fazer a experiência da Trindade de Deus na sua profunda unidade. Dentre tantos pensadores cristãos que contribuíram, de forma gradativa e complementar, para que se pudesse chegar à definição dogmática da Trindade, destacam-se os padres apostólicos, os apologistas e teólogos como Atanásio, Hilário, além das ricas intuições dos Padres Capadócios. No decorrer do presente capítulo conheceremos melhor o pensamento trinitário de cada um deles. Há de ressaltar que após os concílios de Niceia e Constantinopla, os dois concílios trinitários, a teologia da Trindade continuou avançando com a pertinente contribuição de outros pensadores cristãos, seja a partir das questões que surgiam e necessitavam de respostas, seja a partir de intuições teológicas que o Espírito e a paixão pelo mistério de Deus suscitavam neles.

8.1 Os principais passos rumo à elaboração dos dogmas cristológico-trinitários

A reflexão teológica propriamente dita sobre a Trindade começa com a Patrística, que é o período do cristianismo referente aos Pais da Igreja, que vai desde o término dos escritos do Novo Testamento (*c.* 100) até o Concílio de Calcedônia (451). Nesse rico período teológico, a reflexão sobre a Trindade é desenvolvida em meio às lutas contra as heresias e recebe sua definição oficial nos dois primeiros concílios ecumênicos.

8.1.1 Os Padres Apostólicos e os apologistas

Com os Padres Apostólicos se dá o início do processo sistemático do pensar a fé cristã trinitária com base na revelação do Deus em Jesus Cristo. Por serem as contribuições dos Padres Apostólicos os primeiros passos, os germes da elaboração sistemática trinitária não se trata de querer encontrar neles maiores aprofundamentos da reflexão do Deus Uno e Trino. Como é próprio da dinâmica de todo processo, muitas lacunas iniciais serão preenchidas posteriormente.

Encontram-se nos escritos dos Padres Apostólicos afirmações importantes sobre o mistério de Deus que remete à realidade trinitária, sobretudo no tocante à preexistência de Cristo e de sua unidade com o Pai. Os principais nomes dessa época são Clemente de Roma († 96) e Inácio de Antioquia († 110).

Apologistas são os pensadores cristãos da segunda metade do século II e início do século III, empenhados em defender a fé cristã dos ataques e dos perigos das tendências heréticas e reducionistas do mistério do Deus cristão. Destacam-se Justino de Roma († 165), Irineu de Lião († 203), Tertuliano († 220), Orígenes († 254).

Nos apologistas a reflexão teológica também se concentra, sobretudo, na relação Pai-Filho, a partir da cristologia do *Logos*, o qual desempenhou um papel importantíssimo nesse período na reflexão da filiação divina de Jesus. O abundante uso da terminologia *Logos* no tempo dos apologistas se deve ao contexto cultural da época, no esforço de falar com o público gentio da cultura grega. Como bem explica Meunier, "falar do Verbo é lhes falar da Razão, não somente da razão humana, mas da Razão de todas as coisas, da harmonia que rege o cosmo: uma linguagem comum que facilita a primeira escuta" (MEUNIER, 2005, p. 52).

A lógica do desenvolvimento da reflexão teológica nesse período é a mesma da etapa anterior: com os apologistas há um avanço significativo na reflexão trinitária e cristológica, mas não isenta de limitações.

Justino († 165)

Justino é o primeiro pensador cristão a falar da relação entre Filho e Pai em termos de geração: "[...] essa Potência é gerada pelo Pai, pelo seu poder e vontade, mas não por cisão ou corte, como se a substância do Pai se dividisse" (*Dial. Tryph.* 128.4). Ele aplica a Deus o termo "não gerado", pois Deus não tem princípio; é inefável.

O nome Pai é inadequado para falar de Deus em si. Deus é inefável e sem nome. Pai, para ele, remete ao Deus criador, Pai do universo. Na relação de Deus com o Filho, Justino não emprega a expressão Pai.

Há um abismo entre Deus e o ser humano. O *Logos* é o mediador entre Deus e o mundo. O *Logos* morava em Deus como potência e, antes da criação do mundo, emanou de Deus e, por esse ato, o mundo foi criado. Assim, Justino explica a geração do *Logos*: "Algo semelhante vemos também em um fogo que se acende de outro, sem que se diminua aquele do qual se tomou a chama, mas permanecendo o mesmo. E o fogo acendido também aparece com seu próprio ser, sem haver diminuído aquele de onde se ascendeu" (*Dial. Tryph.* 61,2).

Há em Justino uma tendência subordinacionista no tocante à relação entre o Pai e o *Logos*. Ele dá a atender que o Verbo só se tornou independente em razão da criação do mundo. É em vista de sua função como mediador que lhe é concedida sua existência pessoal. Em outras palavras, existem dois estados do Verbo: existe com o Pai, e depois é gerado antes de todas as criaturas. Quem é eterno é o Verbo, não o Filho.

Jesus é Filho de Deus em sentido real. A geração do Filho vem do ser mesmo de Deus; é intelectual, não física. Sua doutrina do *Logos* foi marcante. Justino afirma que uma semente do *Logos* divino já estava presente em toda a humanidade, mesmo antes de Cristo, através dos elementos da verdade.

Sobre o Espírito Santo, Justino fala quase que exclusivamente relacionando-o à economia da salvação, com destaque para sua atuação profética. Vejamos um exemplo de como os Três aparecem relacionados e distintos em seu pensamento: "cultuamos o Criador deste universo, [...] honramos também Jesus Cristo [...]. Aprendemos que Ele é o Filho do próprio Deus verdadeiro, colocamo-lo em segundo lugar, assim como o Espírito profético, que pomos em terceiro" (*1 Apol.* 13,1-3).

Irineu de Lião († 202)

Irineu, bispo de Lião, França, foi considerado um dos maiores bispos-teólogos da Patrística. Irineu reagiu de forma enfática contra o gnosticismo, uma corrente religiosa dualista que negava a salvação da carne. A salvação, para os gnósticos, está num conjunto de conhecimentos espirituais, livres da matéria. A encarnação de Cristo é negada, pois a matéria é má.

A estrutura teológica de Irineu é nitidamente trinitária. Irineu rebate o pensamento do gnosticismo enfatizando a participação do Filho e do Espírito na criação. Deus, ao criar, é assistido pelo *Logos* e pela sabedoria de Deus. Há um contato direto de Deus com a criação por meio de suas duas "mãos": seu Verbo (o Filho) e sua Sabedoria (o Espírito):

> Também nós, portanto, fomos criados por Ele com tudo o que o mundo encerra. E é dele que a Escritura afirma: "Deus plasmou o homem tirando-o do lado e soprando-lhe no rosto o hálito da vida". Portanto, não foram os anjos que nos plasmaram – os anjos não poderiam fazer uma imagem de Deus – nem outro qualquer que não fosse o Deus verdadeiro, nem uma Potência que estivesse afastada do Pai de todas as coisas. Nem Deus precisava deles para fazer o que em si mesmo já tinha decretado fazer, como se Ele não tivesse suas próprias mãos! Desde sempre, de fato, Ele tem junto de si o Verbo e a Sabedoria, o Filho e o Espírito. É por meio deles e neles que fez todas as coisas, soberanamente e com toda liberdade [...] (*Adversus Haereses* IV, 20,1).

Continua o autor: "O Pai não precisou de anjo algum para criar o mundo e formar o homem [...] pois já tinha um serviço perfeito e incomparável, assistido que era, para todas as coisas, pela sua progênie (*profenies*) e sua figura (*figuratio*), isto é, o Filho e o Espírito, o Verbo e a sabedoria aos quais servem e estão submetidos todos os anjos" (*Adversus Haereses* IV, 7, 4).

Irineu enfatiza a preexistência do Filho, e a profunda comunhão com o Filho e do Espírito com o Pai. Embora não explique a origem do Filho e do Espírito Santo, ele enfatiza que ambos estão junto ao Pai. Aspecto notável é seu acento na dimensão salvífica da Trindade, bem como a correspondência, ou seja, a relação profunda entre a obra da criação e a obra da salvação. Assim como Deus "cria com suas duas mãos", Ele também salva com suas duas mãos.

Como a maioria dos pensadores dessa época, também Irineu tende a um certo subordinacionismo. Ele evita a expressão *homoousios* (Jesus consubstancial ao Pai), por achar esse termo por demais gnóstico e materialista. Ele não chega a afirmar a perfeita consubstancialidade entre Pai e Filho.

Tertuliano († 220)

Deve-se a Tertuliano grande parte do vocabulário trinitário latino e da linguagem trinitária ortodoxa. Tertuliano se empenhou em combater a heresia do monarquianismo ou modalismo, em sua obra clássica *Contra Práxeas*. Modalismo é a heresia que enfatiza a unidade de Deus a ponto de eliminar sua pluralidade. Seus principais expoentes foram Práxeas e Sabélio. No pensamento de Práxeas, "o Pai desceu à Virgem, dela nasceu e depois padeceu, sendo Ele mesmo Jesus Cristo [...]. E assim, após certo tempo, um Pai que nasceu, um Pai que sofreu, o próprio Deus onipotente, é anunciado como Jesus Cristo" (*Adversus Praxean* 1,1; 2,1).

A ênfase de Tertuliano está na distinção entre o Pai, o Filho e o Espírito Santo, sem, contudo, perder de vista a unidade de Deus. Tal ênfase claramente expressa seu enfrentamento ao monarquianismo em pauta. Tertuliano afirma que a unidade de Deus é uma

Trindade. A unidade de Deus se entende na distinção dos divinos. "Um é o Pai; outro, o Filho; outro, o Espírito" (*Adversus Praxean* 9, 1). Essas distinções são sem separação, isto é, há em Deus nítida distinção das Pessoas trinas sem divisão alguma, daí sua fórmula que traduz a verdadeira fé em Deus Uno e Trino: "uma *substantia*, três *persona*", "uma substância em três pessoas". Tertuliano é o primeiro teólogo a usar o termo latino *trinitas* (Trindade). Para explicar a unidade de Deus, ele fala de substância (*substantia*), e para falar da diversidade de Deus ele faz uso do termo pessoa (*persona*). A questão central da reflexão teológica trinitária, que é a unidade e distinção em Deus, ele o faz com elevado nível especulativo e sistemático. O *Logos* é um Outro em relação ao Pai, não na substância mas na *persona*. Tertuliano é também o primeiro pensador cristão a utilizar o termo *persona* aplicado não somente ao Filho mas também ao Espírito Santo.

A diversidade não compromete a unidade em Deus. Deus é uno e não apenas um, ou seja, uma realidade em processo, constituindo assim uma segunda e uma terceira Pessoa da mesma substância. Segundo Leonardo Boff, no pensamento de Tertuliano, "essas duas Pessoas (indivíduos concretos) são distintas mas não divididas, são diversas mas não separadas. Esse processo é eterno, pois o Pai sempre gera e o faz sair dele (*prolatio*); o mesmo Pai pelo Filho origina também eternamente o Espírito Santo" (BOFF, 1986, p. 74).

O ponto de partida da reflexão tertuliana é a unidade, a qual é garantida pelo Pai, de quem tudo provém. A unidade da substância tem no Pai sua origem, unidade esta que promove e garante a diversidade em Deus. As metáforas utilizadas por ele são de beleza ímpar, como o texto que segue.

> O tronco não está dividido em raiz, nem o rio da fonte, nem o raio do sol, tampouco a Palavra está separada de Deus. Portanto, segundo a imagem que proporcio-

naram esses exemplos, confesso que falo de dois: Deus e sua Palavra, o Pai e seu Filho; porque a raiz e o tronco são duas coisas mas unidas; a fonte e o arroio são duas manifestações mas indivisas; o sol e o raio são duas formas mas entrelaçadas. Tudo o que procede de outra coisa deve ser algo distinto daquilo do qual procede, não, porém, separado. Mas onde há um segundo, há duas coisas, e onde há um terceiro, três. O terceiro é o Espírito em relação a Deus e ao Filho, como terceiro é o fruto em relação à raiz e ao tronco que vem dela, e o terceiro da fonte é o rio do arroio, e o terceiro do sol é o fulgor do raio. De todas as maneiras nada se separa da origem da qual tem suas propriedades. Assim a Trindade, derivada do Pai através dos graus entrelaçados e conexos, não é obstáculo à monarquia e protege o *status* da economia (*Adversus Praxean* 8, 5-7).

Não obstante tamanha riqueza e rigor terminológico parece existir na compreensão de Tertuliano uma certa graduação entre os Três divinos, como se o Filho e o Espírito fossem uma porção do Pai (cf. *Adversus Praxean* 9, 2). O Pai seria uma substância total de Deus; nele está toda a substância, ao passo que o Filho e o Espírito seriam porções dessa substância, muito embora não separados da substância do Pai. Mesmo assim, foi o teólogo que até o momento mais perto chegou da correta compreensão da unidade e diversidade em Deus.

Orígenes († 254)

Orígenes, em quem encontramos uma significativa síntese da teologia cristã, enfrentou com seus escritos o gnosticismo e o modalismo. A Trindade é para ele um eterno dinamismo de comunicação, cuja relação com a história é salvífica. Enriqueceu a teologia trinitária e cristológica, atribuindo pela primeira vez o termo hipóstase, contra os modalistas, para caracterizar cada uma das Três Pessoas da Trindade, as quais têm uma existência real e distinta e em profunda comunhão.

Orígenes afirma que os Três são eternos: "Quem atribui um começo à Palavra de Deus ou à sua Sabedoria parece-nos que ofende, pela sua impiedade, o próprio Pai não gerado, ao negar que Ele tenha sido sempre o Pai e que Ele tenha de todos os tempos gerado o Filho, que Ele tenha tido a Sabedoria durante todos os séculos anteriores, seja qual for o nome que lhes demos" (*De principiis* 1.2.3). Contudo, ele não consegue evitar a armadilha do subordinacionismo, pois imagina uma ordem hierárquica na Trindade. Somente o Pai é Deus no sentido próprio do termo, embora o Filho, a Sabedoria do Pai, seja eterno.

Somente o Filho é gerado por Deus Pai, embora Ele distinga entre substância participada que é a do Filho, e a substância não participada que é a do Pai, o que significa que a consubstancialidade entre os dois esteja mais na ordem do querer do que na ordem da essência (cf. *De principiis* 1.2.6). Se somente o Filho é gerado pelo Pai, o Espírito procede do Pai mediante o Filho. Ele seria o primeiro de todos os seres mediante a ação do Verbo. Ele não é igual às criaturas porque não passou do nada ao ser, como é o caso delas. "Quanto a nós, persuadidos como estamos de que existem três hipóstases, o Pai, o Filho e o Espírito Santo, e crendo que nenhuma delas, exceto o Pai, seja ingênita, pensamos que o Espírito Santo tem uma posição proeminente sobre tudo o que foi feito mediante o *Logos*, e na ordem é o primeiro de todos os seres derivados do Pai por meio de Cristo" (*In Joh.* II 10,75).

O Filho e o Espírito são intermediários entre o Pai e as criaturas. O Espírito é inferior ao Filho. Tal pensamento compromete, naturalmente, a igualdade e a consubstancialidade das Pessoas divinas. Orígenes, ao enfatizar a diversidade das Pessoas da Trindade, contribuiu com a clarificação do termo *hypostasis* na diferenciação dos Três divinos, mas teve dificuldades em trabalhar a unidade da essência em Deus.

Essas observações sobre os primeiros pensadores cristãos já são suficientes para perceber que no final do século II e durante o século III, especialmente com os escritos de Tertuliano e de Orígenes, a teologia é enriquecida com elaboração de um vocabulário técnico, de corte metafísico (*hypostasis, persona, ousia, trinitas*) para expressar a fé no Deus Uno e Trino, cuja sistematização e precisão serão cada vez melhor aperfeiçoadas, rumo aos concílios trinitários de Niceia e de Constantinopla. Os padres apologistas ofereceram uma base muito sólida para a teologia trinitária, apesar dos traços ora mais ora menos subordinacionistas, cujo perigo é o de conceber Jesus e o Espírito inferiores ao Pai. Tal tendência subordinacionista, que nesses autores é apenas secundária, é levada ao extremo por Ário, sacerdote de Alexandria.

8.2 A controvérsia ariana e o Concílio de Niceia

No século IV se deu uma virada histórica no cristianismo sob muitos aspectos. Os cristãos mais do que nunca estão divididos sobre a verdade da fé a ponto de se fazer necessária a convocação de um concílio ecumênico. Ário é o grande representante da crise religiosa e eclesial em vigor. Deriva de Ário o movimento chamado arianismo, que perdurou por longo período, conforme o comentário a seguir:

> O arianismo, do nome do sacerdote alexandrino Ário, se difundiu aproximadamente a partir de 320. Devemos admitir que as ideias surgidas não são de fato novas, mas ressurgem com um maior vigor e força. Desde Justino a Orígenes, a ideia de um ou vários intermediários entre Deus, por si mesmo inacessível, e o mundo, sempre constituiu um poderoso elemento de sedução nos teólogos cristãos, capaz de fazê-los prejudicar a plena divindade do Verbo e do Espírito, apresentando-os como se mantivessem com o mundo uma relação indigna do Pai e ligando a própria existência deles à do cosmos (LIÉBAERT, 2000, p. 135).

Ário foi um padre de Alexandria (Egito). Sua preocupação maior consistia em afirmar a unicidade de Deus. Caso Ário aceitasse a divindade do Filho, a unicidade divina estaria comprometida, pois aceitar a filiação divina pré-existente contradiria, segundo seu raciocínio, o monoteísmo bíblico. Para defender a unicidade do Pai ele se apoiou na passagem bíblica em que Jesus diz "o Pai é maior do que eu" (Jo 14,28), dentre outras citações. O alexandrino utilizou-se também de argumentos filosóficos: se o Filho é Deus como o Pai, então existem dois princípios, dois primeiros, o que seria ilógico.

Para Ário, Deus só começou a ser Pai quando gerou o Filho. O Filho é gerado da vontade do Pai, não de sua substância, pois isso levaria a uma divisão na substância divina. A geração do Filho, para Ário é, no fim das contas, uma criação. O Filho, embora tenha sido criado pelo Pai ainda antes da criação, e ainda que não seja como as outras criações, começou a existir. No entanto, Ele é tão superior a todas as outras criaturas que merece ser chamado Deus. Ário não aceita a consubstancialidade e a coeternidade do Filho, pois Ele coloca em destaque a posição única e irrepetível do Pai. O Filho não vem da *ousia*, da substância do Pai, mas de sua vontade. Contudo o Filho é chamado Deus, mas um deus inferior, Deus não em sentido próprio, mas por atribuição. Cristo é uma criatura privilegiada, é um intermediário entre Deus e as criaturas. O Filho é o mediador da criação. Percebe-se a influência helênica da ideia do *Logos* e do demiurgo no pensamento teológico de Ário.

Ário foi denunciado ao Bispo Alexandre, de Alexandria. Os dois começam a ter fortes embates, início de uma longa caminhada de tensões e ao mesmo tempo de aprofundamento da doutrina trinitária. Preocupado com a unidade do império, o Imperador Constantino convocou em 325 o Concílio Ecumênico de Niceia. Nesse concílio as proposições de Ário foram condenadas e redigida uma fórmula de fé, o Símbolo de Niceia, centrado na unidade de Cristo com o Pai. A definição dogmática de Niceia afirmou a divindade de Jesus e sua igualdade com Deus (*homoousios*). O concílio se opôs ao erro de Ário, afirmando a plena divindade de Jesus Cristo.

Assim reza o Símbolo:

> Cremos em um só Deus, Pai todo-poderoso, criador de todas as coisas visíveis e invisíveis. E num só Senhor, Jesus Cristo, Filho de Deus, gerado pelo Pai, unigênito, isto é, da essência (*ousia*) do Pai, Deus de Deus, luz de luz, Deus verdadeiro de Deus verdadeiro, gerado, não criado, consubstancial ao Pai, por meio do qual todas as coisas foram feitas, as que estão no céu e as que estão na terra. O qual, por nós homens e por nossa salvação, desceu do céu e se encarnou; fez-se homem, padeceu e ressuscitou no terceiro dia, subiu ao céu e virá para julgar os vivos e os mortos. E no Espírito Santo. Aos que afirmam "Houve um tempo em que não existia", e: "Antes de ser gerado não era", ou diziam que o Filho de Deus foi feito do nada, ou que deriva de outra hipóstase ou essência ou que é mutável ou alterável, a Igreja Católica os anatematiza (DENZINGER & HÜNERMANN, 2007, p. 125-126).

A riqueza e o diferencial de Niceia estão na afirmação da consubstancialidade do Filho, ou seja, Ele é unigênito de Deus, da mesma substância que o Pai, sem, portanto, estar no âmbito da criação ou da subordinação. "Consubstancial ao Pai" é o termo mais peculiar de Niceia. Pode-se dizer que é sua identidade.

O primeiro artigo do Credo se detém na Pessoa do Pai (Pai do Filho). "Cremos em um só Deus, Pai todo-poderoso [...]". O segundo artigo é dedicado ao Filho: "E num só Senhor, Jesus Cristo, Filho de Deus, gerado pelo Pai, unigênito [...]". A expressão "num só Senhor Jesus Cristo, *gerado* pelo Pai" afirma que se trata de uma geração única, não repetível, por isso que Ele é o Unigênito. A afirmação "gerado, não criado" vai contra a principal ideia de Ário, que defendia a criação do Filho. A expressão "Deus verdadeiro de Deus verdadeiro" é nitidamente antiariana. O Filho gerado é tão Deus quanto o Pai que o gera.

Após enfatizar a geração eterna, o Símbolo aborda a geração humana de Jesus, destacando juntamente com a divindade a humanidade de Jesus. "Desceu do céu e se encarnou; fez-se homem". O Símbolo faz uma brevíssima menção ao Espírito Santo. O Espírito se encontra unido à confissão de fé na divindade do Pai e do Filho. Esse artigo será desenvolvido posteriormente no Concílio de Constantinopla. O Símbolo de Niceia representa tanto o ponto de chegada decisivo para o desenvolvimento teológico trinitário quanto o ponto de partida para novos debates e aprofundamentos cristológico-trinitários.

9
A reflexão cristológico-trinitária de Niceia a Constantinopla

Os concílios de Niceia (325) e Constantinopla (381) foram momentos decisivos para a formulação da doutrina da Santíssima Trindade. No primeiro concílio, afirmou-se a divindade do Filho, que é consubstancial a Deus Pai, da mesma essência, tão divino quanto ao Pai. No segundo Concílio, é sobre o Espírito Santo que as discussões se concentram. Da mesma forma que a fé cristã e a reflexão teológica afirmaram a divindade do Filho, também o Espírito é divino, consubstancial ao Pai e ao Filho.

Entre Niceia e Constantinopla, um grupo de expoentes teólogos foi profundamente importante para o amadurecimento da doutrina trinitária nesse contexto de novos e ao mesmo tempo já conhecidos desafios: Atanásio de Alexandria, Hilário de Poitiers, os Padres Capadócios. Atanásio, que participou do Concílio de Niceia como diácono, teve uma contribuição decisiva, contra o arianismo, na defesa da divindade do Verbo de Deus, gerado eternamente pelo Pai. Mesmo tendo sido condenado pelo Concílio de Niceia, o arianismo continuou persistente, com novas nuanças, o que precisou novamente que a teologia se posicionasse de forma firme e ao mesmo tempo propositiva. Hilário de Poitiers, na mesma linha de pensamento de Atanásio, defendeu a geração eterna do Filho, que em tudo é igual ao Pai.

Os três grandes Padres Capadócios, São Basílio, São Gregório de Nazianzo e São Gregório de Nissa, além de terem sido veementes defensores da divindade do Espírito Santo, marcaram a teologia sobre a Trindade na correta articulação entre unicidade divina e pluralidade em Deus, isto é, eles foram muito importantes para o pensamento trinitário por sua clareza sobre o mistério da unidade e da trindade em Deus.

As bases para a definição dogmática de Constantinopla em que se retoma Niceia e, ao mesmo tempo, se avança na afirmação da divindade do Espírito Santo, foram colocadas nesse período que antecedeu o concílio constantinopolitano. Com o Concílio de Constantinopla, a Igreja chega à definição dogmática que o Espírito Santo é Deus, tão divino quanto o Pai e o Filho. Assim, na Trindade há Três Pessoas e um único Deus.

9.1 As contribuições de Atanásio de Alexandria e Hilário de Poitiers

O arianismo, mesmo tendo sido condenado no Concílio de Niceia, continuou resistente em algumas partes do império, seja de forma mais branda, seja de forma mais aguda, gerando novas controvérsias e impasses. Fato é que nem todos os termos foram usados com um significado suficientemente claro nesse período da história. É o caso do uso ambíguo dos termos *ousia* e *hipóstase*. Mais do que utilizar com precisão os termos técnicos do mundo grego na teologia trinitária, o concílio quis, por meio deles, oferecer uma afirmação salvífica: o Filho não é um deus inferior, Ele é o Filho, consubstancial ao Pai.

Algumas palavras utilizadas no Símbolo de fé de Niceia se tornaram fontes de discórdia no período posterior ao concílio. Se *substância (ousia)* e *consubstancial* foram os termos-chave de Niceia, essas mesmas terminologias, pela ambiguidade que comportam, foram causa de novas controvérsias no imediato período pós-niceno. Vale lembrar que *ousia* e *hipóstase* no contexto de Niceia são considerados termos equivalentes, o que gerou mal-entendidos. *Ousia* não é um termo tirado das Escrituras; é por demais erudito, existem dificuldades na interpretação do significado. Tudo isso, portanto, foi causa de profundas polêmicas no período que seguiram Niceia. *Ousia* pode significar tanto a essência individual como a essência comum a todos os seres do mesmo gênero. Se for interpretado como essência individual, o *homoousios* do Filho (consubstancial ao Pai) dá margem ao modalismo (sabelianismo), ou seja, o Filho não teria uma individualidade própria, pessoal, Ele poderia ser um mero modo do Pai.

A polêmica que subjaz é, portanto, essa: *ousia* é a essência comum a todos os seres de um mesmo gênero ou é a essência individual? *Ousia* é natureza genérica ou natureza individual específica? Muitos compreendiam essa palavra no sentido concreto de existência, o que dá margem a pensar da seguinte forma: "Por esse fato, se Pai e Filho têm a mesma substância, Eles são um mesmo ser: estamos no monarquismo! Será o obstáculo mais sério para uma boa recepção de Niceia, no Oriente grego, sempre inquieto (mais do que o Ocidente) com o perigo monarquiano" (MEUNIER, 2005, p. 70). Reformulando a questão, substância e consubstancial, usado em Niceia para expressar a essência comum ao Pai e ao Filho, poderiam ser interpretados no sentido de algo muito mais concreto, ou seja, o que existe, o ser concreto, significado esse muito próximo do sentido de *hipóstase* que é o indivíduo concreto. Daí o medo de que a palavra consubstancial remeta aos modalistas sabelianos. Soma-se a essa polêmica o fato de Niceia ter usado os termos *ousia* e *hipóstase* como sinônimos, devido a profunda semelhança etimológica entre ambos os conceitos[14]. É

---

14. "*Hypostasis* (*hypo*, abaixo, e a raiz *sta*, segurar-se) para designar um suporte concreto, que permite a alguma coisa existir. As duas palavras são pois consideradas, por muitos, equivalentes" (MEUNIER, 2005, p. 81).

importante mais uma vez ressaltar que Niceia, ao utilizar e consagrar esses termos de corte filosófico, não estava preocupado com especulações terminológicas, mas quis afirmar a verdade salvífica: Jesus, o Filho de Deus, é tão divino quanto o Pai. O concílio quis afirmar com a palavra *homoousios* que o Filho é da mesma substância que o Pai, que há uma ligação ontológica entre Eles, uma ligação de natureza e não de graça.

Pelo fato de Niceia ter utilizado o termo *ousia*, os defensores desse concílio foram acusados de modalismo. Fato é que, ao utilizar os termos *ousia* e *hipóstase* como sinônimos, faltou ao primeiro concílio ecumênico uma expressão que descrevesse a distinção entre o Pai e o Filho, bem como uma terminologia para descrever a existência dos Três em Deus. Surgiram, então, no pós-Niceia, no século IV, devido às questões semânticas acima descritas, diversos grupos polêmicos, com destaque para o grupo dos *homeusianos* que defendia que o Filho é da substância semelhante à do Pai (*homoousios*), e outro grupo mais radical que afirmava que o Filho é dessemelhante ao Pai (*anomoios*), tendo como representante máximo Eunômio. São esses os arianos da segunda geração (cf. MEUNIER, 2005, p. 71).

O raciocínio de Eunômio tem a seguinte lógica: "não gerado", o "inascível", é o nome próprio de Deus, é sua identidade, sua substância. O Filho, que é gerado, não pode ser Deus. Ele é dessemelhante ao Pai na substância. Ele, que foi gerado, só pode ser posterior ao Pai, ou seja, Eunômio não conseguia aceitar a geração eterna do Filho.

Atanásio de Alexandria († 373)

Diante da insistência do arianismo, alguns pensadores cristãos tiveram um papel decisivo na defesa e no aprofundamento da fé dogmática defendida por Niceia. Dentre muitos Pais da Igreja desse período que combateram o arianismo destaca-se Atanásio, bispo de Alexandria, que defendeu veementemente a divindade do *Logos*; utilizou-se de metáforas oriundas da tradição de Orígenes, tal como o raio do sol e o da luz para mostrar a inseparabilidade e coeternidade entre Pai e Filho na mesma essência divina.

Atanásio defende que o Filho *é homoousios* com o Pai. Sua argumentação parte da ideia de que se o Filho não fosse da mesma substância que o Pai, se não fosse Deus como o Pai, haveria um tempo em que Ele não teria existido, consequentemente, um tempo em que o Pai não teria sido Pai. Portanto, o Pai teria passado por uma mudança ao se tornar Pai, o que não é concebível. Nesta perspectiva, o termo geração é o termo correto para expressar a coeternidade do Pai e do Filho. Deus gera desde sempre o Filho. Entre existência divina e geração divina há uma simultaneidade eterna, ou seja, não há nem antes nem depois.

Nesta mesma perspectiva, contribuição significativa de Atanásio foi sua reflexão sobre a voluntariedade divina na geração do Filho. A geração é um ato necessário e eterno dentro do ser de Deus, e não meramente fruto de sua vontade, como defendiam os arianos. Na argumentação dos arianos, ou Deus é livre, logo, o Filho começou a existir, pois Ele é fruto de sua vontade, e se começou a existir, não é Deus; ou Deus não é livre, pois a geração seria necessária para Ele, que teria gerado desde sempre o Filho.

Para Atanásio, necessidade e liberdade em Deus não são contrapostos. A geração é necessária, ontológica ao ser de Deus Pai e, ao mesmo tempo, é eternamente querida por Ele. Nas palavras de Atanásio, "Se o Filho é por natureza e não por vontade, é que não foi querido pelo Pai, que existe contra sua vontade? Em absoluto. O Filho é querido pelo Pai [...]. Pois assim como sua bondade não começou por vontade, ao mesmo tempo não é bom sem vontade nem desígnio [...] igualmente, a existência do Filho, embora não tenha começado por vontade, não é involuntária, nem carece de consentimento. Pois, da mesma maneira que o Pai quer sua própria hipóstase, quer a do Filho, que é própria de sua essência" (*Contra Ar.* III, 66).

Ladaria aprofunda a questão:

> A alternativa liberdade ou necessidade em Deus não tem sentido. De modo incompreensível para nós, ambas são idênticas à essência divina, em sua suma simplicidade. Podemos afirmar esta ideia da tradição nestes termos: Deus é como quer ser (liberdade), porém, quer ser como é (necessidade). Tudo sucede pelo libérrimo desígnio do amor divino. Deus não necessita dos homens nem do mundo, apesar de na liberalidade de seu amor não ter querido ser sem nós" (LADARIA, 2009, p. 45).

A liberdade de Deus não consiste em fazer escolha, pois Ele é fiel e não pode negar-se a si mesmo (2Tm 2,13), mas consiste em realizar seu ser que é eterno e plena comunhão de amor. Nas sábias palavras de Moltmann, "quem é verdadeiramente livre não precisa mais escolher" (MOLTMANN, 2011, p. 69). Tudo isso lança profundas luzes para a verdadeira compreensão da liberdade humana, muitas vezes entendida erroneamente como mera possibilidade de escolhas. O humano só é verdadeiramente livre quando se realiza a partir de sua essência, ou seja, quando realiza e se realiza em sua vocação mais profunda e primeira que é o bem, a comunhão, o amor.

Atanásio, em sintonia com todos esses aspectos aqui apresentados sobre sua teologia trinitária, insiste na dimensão soteriológica da encarnação do Filho. A salvação se realiza através da filiação divina de Jesus Cristo. Se o Filho não for verdadeiramente Deus, Ele não pode salvar: "Ele se fez homem para que fôssemos deificados; tornou-se corporalmente visível, a fim de adquirirmos uma noção do Pai invisível. Suportou ultrajes da parte dos homens, para que participemos da imortalidade. Com isso nenhum dano suportou, sendo impassível e incorruptível, o próprio Verbo e Deus. Mas em sua própria impassibilidade guardou e preservou os homens sofredores, em prol dos quais tudo isso suportara" (ATANÁSIO, 2002, 54.3).

Ele desenvolveu uma significativa teologia do Espírito, sobretudo em suas cartas a Serapião. Argumenta a inseparabilidade dos Três divinos. Diz que o Espírito é consubstancial ao Pai e ao Verbo. Portanto, o Espírito não é criatura. "Assim, pois, se o Filho, por causa de sua condição em relação ao Pai, [...] não é uma criatura, mas é consubstancial ao Pai, de igual modo o Espírito Santo tampouco pode ser uma criatura [...] por causa de sua condição em relação ao Filho e porque é do Filho que ele é dado a todos e porque o que ele tem pertence ao Filho" (*Serap*. III, 1). Faltou em Atanásio, assim como em Niceia, um termo para descrever a distinção das Pessoas divinas, a diversidade em Deus. Daí a desconfiança de que ele tendia ao modalismo.

Hilário de Poitiers († 367)

Outro nome de grande relevância neste contexto de defesa da fé no Filho de Deus foi o de Hilário de Poitiers. Hilário insiste na consistência ou subsistência real do Filho. "Esse Verbo é uma realidade, não um som; uma substância, não uma simples expressão; é Deus, não um vazio" (*Trin*. II 1). O Filho é a imagem perfeita do Pai e o Espírito é o dom por excelência.

Hilário fez uma excelente reflexão sobre a geração em Deus. Na geração o Pai pode entregar tudo o que tem ao Filho sem com isso se privar do que dá. "Segundo as leis da natureza, não pode ser tudo aquilo que é só uma porção. O que procede do perfeito é perfeito, porque o que tem tudo lhe deu tudo. Não se deve pensar que não deu porque ainda tem, nem também que não tem porque deu"

(*Trin.* II 8). O Pai comunica ao Filho toda sua natureza divina na geração. Com isso, o gerado não é menos que o Pai, nem o Pai fica diminuído ao doar-se ao Filho. Percebe-se a riqueza argumentativa contra toda tendência subordinacionista. Em um belíssimo texto ele assim se expressa:

> A única fé, portanto, é reconhecer o Pai no Filho e o Filho no Pai, por causa da unidade inseparável de sua natureza; unidade que não permite afirmar sua confusão, mas sua indivisibilidade; não sua mistura, mas a identidade de sua natureza; não sua justaposição, mas sua substancialidade; não sua incompletude, mas sua perfeição. Trata-se, de fato, de um nascimento, e não de uma divisão; temos um filho e não uma adoção; é Deus, e não uma criação. E não é um Deus de outra espécie; não, o Pai e o Filho são um. Nascendo, o Filho não é dotado de outra natureza que seria estranha à natureza própria daquele de quem provém (*Trin.* VIII 41).

Seu comentário sobre a fórmula batismal de Mt 28,19, na qual se evidencia mais uma vez sua rica teologia trinitária, merece ser transcrita. "Mandou batizar em nome do Pai e do Filho e do Espírito Santo; isto é, na confissão do autor, do unigênito e do dom. "Um só é o autor de todas as coisas, pois um só é Deus Pai do qual tudo procede. E um só é o Senhor nosso Jesus Cristo, por meio do qual tudo foi feito (1Cor 8,6). E um só Espírito, dom em todos [...]. Nada ficará faltando em uma perfeição tão grande, na qual no Pai, no Filho e no Espírito se acham a infinitude no eterno, a revelação na imagem, o gozo no dom" (*Trin.* II 1).

9.2 Os Padres Capadócios

Os Padres Capadócios, Basílio de Cesareia († 379), Gregório Nazianzeno († 389) e Gregório de Nissa († 395) foram fundamentais para o aprofundamento da reflexão teológica trinitária, sobretudo no tocante à unidade do Espírito Santo com o Pai e com o Filho. Aquela lacuna existente, já mencionada, em relação a uma expressão que fosse capaz de diferenciar os Três em Deus foi superada graças à rica teologia dos capadócios. Eles contribuíram com a clareza terminológica que lhes é própria sobre a diversidade em Deus, sobre a relação entre as Pessoas divinas e sobre a divindade do Espírito Santo. "As 'três hipóstases' se impõem em Constantinopla e no dogma trinitário, em parte graças à obra dos capadócios, que especializaram as palavras para distinguir o nível da unidade e o da pluralidade em Deus" (MEUNIER, 2005, p. 81).

Com os capadócios, *ousia* é reservado à essência divina e *hipóstases* é reservado para descrever as Pessoas da Trindade. Com isso, a tarefa de melhor clarificar a unidade e a diversidade em Deus foi cumprida. Os capadócios enfatizaram com muita propriedade as relações trinitárias, tendo como ponto de partida, na reflexão teológica, a diversidade de Deus e não a essência divina. Com outras palavras, ao falar sobre o mistério de Deus Uno e Trino eles têm como ponto de partida as relações entre o Pai, o Filho e o Espírito Santo, e não a unidade da essência. Com essa nova ênfase, os capadócios livraram Niceia da acusação de modalismo.

Basílio de Cesareia († 379)

É, sobretudo, em sua obra *Contra Eunômio* que Basílio desenvolveu sua teologia trinitária, ao enfrentar a nova forma de arianismo apresentada pelo Bispo Eunômio. Enquanto Eunômio afirmava que a essência de Deus consistia em ser "não gerado", ser "ingênito", Basílio sustenta que o Pai transmite ao Filho sua natureza, largamente atestada pelos evangelhos e que, portanto, "não gerado" não pode ser a essência de Deus.

Muito significativo para o desenvolvimento da reflexão trinitária é a distinção que ele faz entre os nomes "absolutos" e "relativos".

Nomes absolutos se referem às coisas em si, como, por exemplo, homem, animais etc. Nomes relativos se referem a algo em relação a outra coisa. Tomemos como exemplo as palavras amigo e filho. Ambas remetem a alguém, pois ser amigo é ser amigo de alguém, e se é filho é ser filho de alguém. "Dito para eles mesmos, (Pai e Filho) exprimem somente a relação de um com o outro. É pai aquele que proporciona ao outro o princípio de seu ser na natureza semelhante à sua; é filho aquele que recebeu de outro por geração o princípio de seu ser" (*Contra. Eun.* II, 17). Ser gerado, nesta perspectiva, diz respeito ao que o Filho é em relação ao Pai. O mesmo se deve dizer do "não gerado". Diferentemente do que Eunômio afirmava, que ser "não gerado" é a identidade do Pai, Basílio afirma que o "não gerado" não identifica a essência do Pai, mas sua relação para com o Filho. Tanto o "não gerado" como "o gerado" são nomes relativos; não indicam a natureza mais íntima, e sim a relação de reciprocidade entre os Três divinos. Os nomes relativos do Pai, Filho e Espírito Santo mostram que eles se implicam mútua e eternamente. Dessa forma, ao refutar a Eunômio, ele lança os fundamentos para o equilíbrio trinitário entre a unidade da essência divina com a pluralidade das pessoas, ou seja, consegue diferenciar o que é comum e o que é próprio em Deus.

O que é comum é a divindade, o que é específico das Pessoas divinas são as relações: a paternidade, a filiação e a santificação. Essas particularidades de cada Pessoa, a paternidade, a filiação e a santificação são oriundas das relações entre elas, como bem explica o texto a seguir:

> A essência e a hipóstase têm entre si a mesma diferença que existe entre o comum e o particular como, por exemplo, a que há entre o animal em geral e um homem determinado. Por essa razão, reconhecendo uma só essência na divindade [...]; a hipóstase, ao contrário, é particular; assim o reconhecemos para ter uma ideia distinta e clara sobre o Pai, o Filho e o Espírito Santo.

> Com efeito, se não consideramos as características definidas para cada um, a paternidade, a filiação e a santificação, e assim só confessamos Deus segundo a ideia comum do ser, é impossível para nós dar razão de nossa fé como se deve. Portanto deve-se unir o que é particular com o que é comum, e confessar assim a fé. O que é comum é a divindade; o que é particular é a paternidade; depois é preciso reunir essas noções e dizer: creio em Deus Pai. O mesmo deve-se fazer na confissão do filho e também a respeito do Espírito Santo [...] E assim a unidade será completamente salvaguardada na confissão da única divindade; o que é particular às pessoas será confessado na distinção das propriedades particulares que o pensamento atribui a cada uma (*Ep.* 236,6).

Basílio evita o uso da expressão *hipóstase* para se referir às Pessoas divinas, optando pelo termo "propriedade". Cada Pessoa tem sua propriedade e sua peculiaridade, sem com isso romper com a unidade da essência; ao contrário, a mais profunda unidade se dá no diverso em Deus.

Basílio desenvolveu sua pneumatologia em sua famosa obra *De Spiritu Sancto*, na qual ele rebate os pneumatômacos ao afirmar que o Espírito está junto com o Pai e com o Filho, é membro da Trindade, constituindo um só Deus. Em outras palavras, para o bispo de Cesareia o Espírito é Deus e não criatura. Basílio enfatizou a inseparabilidade entre os Três divinos, como se pode perceber na fórmula batismal em Mt 28,19.

O Espírito participa da mesma glória do Pai e do Filho. Glorificar o Espírito é outra forma de afirmar sua divindade: "Cremos como somos batizados e glorificamos como cremos. Assim, já que um batismo nos foi dado pelo Salvador em nome do Pai e do Filho e do Espírito Santo, apresentamos uma profissão de fé conforme a este batismo e uma glorificação conforme a esta fé, glorificando o Espírito Santo com o Pai e o Filho, porque estamos persuadidos de que Ele não é estranho à natureza divina" (*De Sp. Sanc.* 375, 1,3).

Compete ao Espírito a santificação do ser humano. O Pai cria mediante o Filho, e a criação é santificada mediante o Espírito. O Espírito aperfeiçoa a obra da criação do Pai, mediante o Filho. "Ele, iluminando aqueles que se purificaram de toda mancha, os faz espirituais por meio da comunhão com Ele. E como os corpos límpidos e transparentes, quando um raio os fere, convertem-se eles mesmos em brilhantes e refletem outro raio, assim as almas que levam o Espírito fazem-se plenamente espirituais e transmitem aos outros sua graça. Daí o conhecimento das coisas futuras, a compreensão dos mistérios [...] a semelhança com Deus; o cumprimento dos desejos: converte-se em Deus (*De Sp. Sanc.* 375, 9,23).

Gregório Nazianzeno († 390)

Gregório Nazianzeno segue a mesma linha teológica de Basílio, afirmando a unidade divina e a distinção das Pessoas a partir de suas propriedades. Gregório trabalha com maestria a peculiaridade do Espírito Santo: santificação é a propriedade do Espírito que o distingue do Pai e do Filho.

Ele insistiu na afirmação da eternidade das Pessoas divinas. Argumenta que ser gerado e proceder do Pai não contradiz a eternidade, pois "o Pai é sem princípio, não gerado; o Filho é o gerado sem princípio; o Espírito Santo o que procede sem ser gerado" (*Or.* 30,19).

Gregório deu sequência à reflexão de Basílio no tocante aos nomes absolutos e relativos, além de atribuir ao Espírito Santo o termo "consubstancial". Assim como o Filho, o Espírito é *homoousios*, como bem aparece nos textos a seguir ao elencar as atividades e operações do Espírito.

> Por outra parte, assume-se ao considerar a riqueza dos títulos e de todos os nomes ultrajados pelos que atacam o Espírito! É chamado Espírito de Deus (1Cor 2,11), Espírito de Cristo (Rm 8,9), Mente de Cristo

(1Cor 2,16), Espírito do Senhor (Sb 1,7; 2Cor 3,17), Senhor mesmo (2Cor 3,17), Espírito de adoção (Rm 8,15), de verdade (Jo 14,17; 15,26), de liberdade (2Cor 3,17), Espírito de sabedoria, de inteligência, de conselho, de força, de ciência, de piedade, de temor de Deus (Is 11,2); porque Ele criou todas essas coisas; enche todas as coisas, enche o mundo (Sb 1,7), com sua substância, mas não pode ser contido pelo mundo quanto à sua potência: é bom (Sl 142[141],10), reto (Sl 50[49],122), guia (Sl 50[49],14); santifica (1Cor 6,11) por natureza, não por disposição de outro, e não é santificado; mede e não é medido (Jo 3,43); dele se participa (Rm 8,15) mas Ele não participa; preenche (Sb 1,7) mas não é preenchido; contém (Sb 1,7), não é contido; é recebido por herança (Ef 1,13-14); é glorificado (1Cor 6,19-20); é contado com [o Pai e o Filho] (Mt 28,29); dá lugar a uma ameaça (Mc 3,29); é o dedo de Deus (Lc 11,20); é um fogo (At 2,3), como Deus (Dt 4,24), para mostrar – penso eu – que lhe é consubstancial. É o Espírito que cria (Sl 103[102],30), que recria mundo pelo batismo (Jo 3,5; cf. 1Cor 12,13), por meio da ressurreição (Ez 37,5-6.9-10.14). É o Espírito que conhece todas as coisas (1Cor 2,10), que ensina (Jo 14,26), que sopra onde quer e como quer (Jo 3,8), que guia (Sl 142[141],10), que fala (At 13,2), que envia (At 13,4) que põe à parte (At 13,2), que se irrita (Jo 4,9), que é tentado (At 5,9), que revela (Jo 16,13), ilumina (Jo 14,26), que vivifica (Jo 6,63; 1Cor 3,6) – ou melhor, é a própria luz e a própria vida –, que faz de nós templos (1Cor 3,16; 6,19); que nos diviniza (1Cor 3,16; 6,19), que nos faz perfeitos (Jo 16,13), de modo que precede ao batismo (At 10,47) e é buscado depois do batismo. Opera tudo o que Deus opera (1Cor 12,4-6.11), divide-se em língua de fogo (At 2,3), distribui os carismas (1Cor 12,11), faz apóstolos, profetas, evangelistas, doutores (Ef 4,11). É inteligente, múltiplo, claro, penetrante, irresistível, imaculado (Sb 7,22). Isso quer dizer que é a sabedoria suprema, o que opera de muitas maneiras (cf. 1Cor 12,11), o que ilumina e penetra todas as coisas (Sb 7,24), o ser livre e imutável (Sb 7,23). Ele tudo pode, vigia todas as coisas, penetra todos os espíritos, os intelectuais, os puros, os mais sutis (Sb 7,23) – refiro-me às potências angélicas – como também os dos profetas (Sb 7,27) e dos apóstolos, no mesmo instante, mas não nos mesmos lugares (Sb 8,1), posto que estão dispersos aqui e ali, o que mostra que nada o circunscreve (*Or.* 31,29).

Ao afirmar que o Espírito Santo procede do Pai, baseado em Jo 5,26, e ao fazer a distinção entre geração e processão, ele foi o primeiro a falar do Espírito em termos de processão. Outra contribuição significativa, como outros teólogos, é a afirmação da unidade e trindade em Deus. Ao mesmo tempo em que ele distingue muito bem as Pessoas divinas, é salientada a unidade em Deus. Dois belos textos a seguir explicitam isso:

Que falta ao Espírito [...] para ser Filho? [...] Por outra parte, tampouco ao Filho nada falta para ser o Pai, porque a condição de Filho não significa uma carência, e não por essa razão é o Pai. [...] Essas palavras não indicam uma carência nem uma distinção segundo a essência, enquanto o não ter sido gerado, o ter sido gerado e o proceder indicam: a primeira, o Pai; a segunda, o Filho; e a terceira aquele que se chama precisamente o Espírito Santo – de maneira que se conserve sem confusão a distinção das três hipóstases em uma única natureza e na única dignidade da divindade. O Filho não é o Pai, pois o Pai é um só, porém é a mesma coisa que o Pai; nem o Espírito é Filho pelo fato de provir de Deus, porque um só é o Unigênito; porém é a mesma coisa que o Filho. Os Três são um só ser quanto à divindade, e o único ser são Três quanto às propriedades (*Or.* 31,9).

Continua Gregório: "Para nós Deus é um porque uma é a Divindade; para a Unidade volta tudo o que vem dela, mesmo crendo que são Três. Porque um não é Deus superior; outro inferior. Não um primeiro; o outro segundo [...]. À semelhança de três sóis unidos entre si, uma é a junção da luz. Quando, pois, olhamos para a Divindade e Causa primordial e seu único poder, imaginamos a Unidade. Quando, porém, nos voltamos para aqueles nos quais é a Divindade, e que daquela primeira Causa vêm, fora do tempo e com a mesma glória, são Três os adorados" (NAZIANZENO, 1985, p. 101-102).

Gregório de Nissa († 395)

Um dos maiores méritos de Gregório de Nissa foi ter aprofundado a distinção entre *ousia* e *hypostasis*, ou seja, o que é próprio de cada Pessoa e o que é comum na Trindade. Seu embate também se deu por conta das questões levantadas por Eunômio. Gregório não somente afirmou a existência de três hipóstases em uma única essência divina, como também buscou aprofundar teologicamente esse mistério divino, fazendo uso de uma comparação de Basílio com a humanidade, na qual há uma variedade de pessoas na mesma essência, como é o caso, por exemplo, de Pedro, Tiago, Felipe. Esses participam da única e mesma essência humana. Assim, Deus é um na essência e três nas hipóstases.

Outro argumento de Gregório para especificar as propriedades próprias de cada Pessoa no único Deus é a distinção existente entre seres incriados e seres criados. As Pessoas divinas são incriadas. Ser incriado é comum aos Três, o que significa que nisso não há diferença entre eles. Se não há diferença entre Eles no ser incriado, então nisso está a essência comum aos Três divinos.

As diferenças, ou as propriedades específicas das Três Pessoas da Trindade, são: não ser gerado (Pai), ser gerado (Filho unigênito), não ser gerado nem não gerado. O Espírito se distingue por proceder do Pai através do Filho (cf. *Contra Eun.* I, 278-280).

Só podemos ter conhecimento a esse mistério através da atividade salvífica na história, a qual teve seu início no Pai, é realizada pelo Filho e conduzida à plenitude pelo Espírito Santo. A ação salvífica diz respeito a um único, eterno e mesmo querer divino. Com outras palavras, Gregório nos recorda que os Três nunca agem separadamente na história da salvação, toda a atividade é realizada comunitariamente.

Enfim, inquestionáveis foram as contribuições dos três teólogos capadócios para o aprofundamento da teologia da Santíssima Trindade, sobretudo nos aspectos da afirmação da divindade do Espírito Santo, consequentemente na eliminação dos resquícios do subordinacionismo. A feliz articulação dos capadócios entre a unidade da substância em Deus e a trindade de Pessoas foi decisiva e correta compreensão do dogma da Trindade, no sadio equilíbrio entre Um e Três em Deus, unidade e diversidade na única realidade divina.

9.3 O Concílio de Constantinopla

As mesmas dúvidas e questionamentos em relação à Pessoa de Jesus Cristo foram sendo levantadas em relação à Pessoa do Espírito. Assim como aconteceu com o Filho, alguns afirmavam que o Espírito não era Deus. Trata-se do grupo dos assim chamados pneumatômacos. Diferentemente dos arianos, esses não escreveram nenhuma obra relevante para defender suas ideias. Por falta de vigor intelectual essa heresia logo foi superada. Por outro lado, as contribuições intelectual e espiritual dos Padres Capadócios, Basílio, Gregório Nazianzeno e Gregório de Nissa, na defesa da divindade do Espírito Santo, conforme acima visto, foram fundamentais. Foram eles os principais expoentes da defesa da divindade do Espírito Santo.

É nesse contexto que foi convocado, em 381, o segundo concílio ecumênico, em Constantinopla, pelo Imperador Teodoro I. O concílio, cujo símbolo ficou conhecido como niceno-constantinopolitano, reafirmado mais tarde pelo Concílio de Calcedônia em 451, respondeu a essa heresia afirmando que o Espírito Santo é "Senhor e fonte de vida, que procede do Pai e com o Pai e o Filho deve ser adorado e glorificado" (*DS* 150). Pode-se dizer que "o papel doutrinal do concílio é duplo: acaba com o arianismo, reafirmando fortemente a doutrina de Niceia, mas com um vocabulário mais determinado; proclama a divindade do Espírito Santo, permitindo assim uma verdadeira teologia trinitária" (MEUNIER, 2005, p. 80)[15].

Assim reza o Símbolo de fé de Constantinopla:

> Cremos em um só Deus Pai todo-poderoso, criador do céu e da terra e de todas as coisas visíveis e invisíveis; e em um só Senhor Jesus Cristo, o Filho de Deus, o Unigênito, gerado por seu Pai antes de todas as eras, Luz de Luz, verdadeiro Deus de verdadeiro Deus, gerado, não feito, consubstancial com o Pai, por meio de quem todas as coisas vieram à existência, que por nós, homens, e para nossa salvação desceu dos céus e se encarnou pelo Espírito Santo e pela Virgem Maria e se tornou um homem, e foi crucificado por nós sob Pôncio Pilatos e padeceu e foi sepultado e ressuscitou no terceiro dia de acordo com as Escrituras e subiu aos céus e está sentado à mão direita de Deus Pai e virá novamente com glória para julgar os vivos e os mortos, e não haverá fim para seu reino. E no Espírito Santo, o Senhor e doador da vida, que procede do Pai, que é adorado e glorificado juntamente com o Pai e o Filho, que falou pelos profetas. E em uma Igreja santa, católica e apostólica; confessamos um batismo para perdão dos pecados; esperamos pela ressurreição dos mortos e a vida da era vindoura. Amém.

---

15. "O Concílio de Constantinopla I foi de pacificação. Pôs fim aos cinquenta anos de conflito que assolaram o Oriente após o Concílio de Niceia. Recolheu a herança deste e confirmou sua definição ao retomar a afirmação consubstancial a propósito do Filho. Situou seu próprio ensinamento na esteira de seu glorioso predecessor, afirmando a propósito do Espírito, com outros termos decerto, a mesma divindade que a do Pai e a do Filho" (SESBOÜÉ, 2002, p. 242).

As palavras *ousia* e *hipóstases* deixaram de ser empregadas como sinônimas. Houve o acréscimo da seção sobre o Espírito Santo em que se declarou que Ele "é adorado e glorificado juntamente com o Pai e o Filho". A divindade do Espírito é afirmada indiretamente através da Palavra "Senhor". Outro aspecto por demais relevante foi a afirmação da relação do Espírito Santo com o Pai através da expressão (Ele) "procede do Pai". Na fórmula "falou pelos profetas" aparece a personalidade do Espírito, ou seja, Ele é uma Pessoa divina.

O Símbolo de fé de Calcedônia ficou conhecido como Símbolo niceno-constantinopolitano porque retoma todos os elementos do Sínodo de Niceia e avança e em relação à divindade do Espírito Santo. Constantinopla marcou o amadurecimento da doutrina trinitária. A importância desse concílio, em termos trinitários, é comparável ao Concílio de Niceia. O essencial da doutrina trinitária está garantido nesses dois concílios, a ser destacado, sobretudo, o fato de eles terem assegurado a consubstancialidade das Três Pessoas divinas, a do Pai, a do Filho e a do Espírito Santo.

10

Do pós-Constantinopla aos pensadores medievais

Nesse rico processo de sistematização do mistério do Deus Uno e Trino as questões trinitárias e cristológicas são inseparáveis. Embora o presente livro não seja sobre cristologia em si, não se pode deixar de lado aqueles elementos que dizem respeito mais diretamente à segunda Pessoa do mistério da Trindade, como, por exemplo, à relação entre a natureza divina e a natureza humana do Verbo feito carne em Jesus Cristo. Essas observações são necessárias porque, mesmo já tendo sido afirmada a plena divindade de Jesus Cristo, outras questões não menos importantes ameaçavam a integridade do Verbo encarnado. Como Jesus Cristo pode ser verdadeiro Deus e verdadeiro homem ao mesmo tempo? É Ele mais divino ou mais humano? São questões que a teologia precisou responder no período após o Concílio de Constantinopla, passando por Éfeso até Calcedônia.

Tendo sido resolvidas essas questões, de fundamental importância para os esclarecimentos da Segunda Pessoa da Santíssima Trindade que é o Verbo encarnado, a teologia trinitária continuou avançando no aprofundamento da descoberta da unidade e da comunhão trinitária a partir de novas perspectivas e em novos contextos. Chegamos assim na contribuição dos teólogos da Idade Média, com destaque para Agostinho, Tomás de Aquino, Ricardo de São Vítor.

Nesse mesmo contexto, a tão discutida questão da relação do Filho com o Espírito Santo entra em cena. Para os orientais, o Espírito procede somente do Pai; para os ocidentais, Ele procede do Pai e do Filho. A questão ficou conhecida pelo uso da expressão *filioque* (e do filho), utilizado pelos ocidentais para dizer que o Espírito procede do Pai e do Filho. A questão está entre os motivos da separação entre Igreja ocidental e Igreja oriental.

10.1 As naturezas divina e humana da Pessoa do Verbo encarnado

Apolinário, bispo de Laodiceia (Síria), um dos maiores defensores do credo de Niceia contra os arianos, acabou entrando por caminhos equivocados quanto à união do divino e do humano em Jesus Cristo. Ao defender a unidade da divindade e da humanidade de Cristo ele afastou-se da ortodoxia por considerar que Cristo não tem alma humana (psiquismo humano, consciência, liberdade, vontade humana). O *Logos* uniu-se à carne de Jesus fazendo as vezes da alma humana, o que significa que, no fim das contas, não houve verdadeira humanização em Cristo. Sua mente e personalidade eram apenas divinas. No pensamento de Apolinário, negar a alma espiritual em Cristo seria protegê-lo do pecado, pois, ao carecer de alma, careceria também de liberdade, a qual é a condição de possibilidade do pecado.

Apolinário parte do esquema Verbo-carne; contudo, carne no sentido grego e não bíblico, ou seja, carne não seria a totalidade do ser humano, mas tão somente o corpo, oposto à alma. Cristo seria então a união do Verbo divino com a carne, sem a mediação de um psiquismo propriamente humano (cf. MEUNIER, 2005, p. 89). Há, portanto, em Apolinário a forte tendência de ver a humanidade e a divindade de Cristo como concorrentes.

Na concepção de Apolinário, Cristo salva porque é sem pecado, e para que Ele seja sem pecado é preciso minimizar sua humanidade, tirar-lhe a liberdade, o desejo, a consciência, a racionalidade. Nesse caso, Cristo teria a natureza humana incompleta. Os Padres Capadócios respondem a Apolinário também em nome da salvação. Nas palavras de São Gregório Nazianzeno, "o que não foi assumido, não foi remido" (MEUNIER, 2005, p. 90).

O apolinarismo foi condenado no Sínodo de Alexandria, em 362, e em 381, no Concílio de Constantinopla, sua condenação foi ratificada. Mesmo assim, os discípulos de Apolinário continuaram divulgando o pensamento monofisista, de uma só natureza no *Logos* divino.

Defendida a natureza humana de Jesus contra o apolinarismo, ou melhor, defendida a integridade das duas naturezas em Cristo, outras questões surgiram. A questão agora é a pergunta sobre como se relacionam a humanidade e a divindade em Jesus Cristo. Novamente afirmamos que, embora essas e outras sejam questões mais ligadas ao estudo da cristologia, não significa que sejam irrelevantes à teologia trinitária. No mistério do Deus Uno e Trino não é suficiente afirmar que Jesus Cristo é Deus, que Ele é a Segunda Pessoa da Santíssima Trindade: é preciso salvaguardar igualmente o mistério de correta relação entre sua condição divina e humana, sua divindade e humanidade.

Como ponto de partida, é preciso levar em consideração a existência das duas grandes escolas teológicas da época, a de Alexandria e a de Antioquia. A escola alexandrina acentuava mais a divindade de Jesus, ao passo que a antioquina dava maior ênfase à sua humanidade. Era próprio da Escola de Antioquia distinguir detalhadamente as duas naturezas em Cristo, a divina e a humana.

Nestório, da Escola de Antioquia, bispo de Constantinopla, sublinhava fortemente a distinção das naturezas divina e humana em Cristo que chegou a afirmar que nele havia duas Pessoas, tão unidas que formam uma espécie de uma única Pessoa. Nestório distinguia por demais as duas naturezas a ponto de pensar existirem duas Pessoas em Cristo, uma humana e outra divina, unidas entre si. "Deus e o homem pré-existem e só depois são unidos? Se for assim, então Cristo é um terceiro ser" (BOFF, 1986, p. 203). A união do divino e do humano em Cristo, portanto, era compreendido por Nestório de modo confuso.

Por distinguir enfaticamente as propriedades divinas das humanas em Cristo, resultou disso outra problemática, agora no tocante à maternidade de Maria. A questão em pauta é o título "mãe de Deus" (*Theotókos*), que a devoção popular atribuíra a Maria. Nestório e o nestorianismo negavam a maternidade divina de Maria, por isso ela deveria ser chamada "mãe de Cristo" e não "mãe de Deus". Maria teria gerado o homem Jesus, que se uniu à Segunda Pessoa da Santíssima Trindade. A não aceitação desse título a Maria se deve à errônea compreensão da união das naturezas divina e humana na Pessoa do Verbo de Deus. A questão de fundo em Nestório no tocante ao título mariano Mãe de Deus *versus* Mãe de Jesus é o desejo de salvaguardar a integridade da natureza humana de Jesus que estava ameaçada, como já vimos anteriormente, pelo apolinarismo. Nestório era de Antioquia, daí sua ênfase na humanidade e, por conseguinte, a dificuldade em aceitar chamar Maria mãe de Deus, o que gerou muitos protestos por parte dos fiéis. Monges e clérigos recorreram a Cirilo, arcebispo de Alexandria, que por sua vez reagiu teológica e politicamente contra o pensamento nestoriano. A disputa entre Nestório e Cirilo reflete as divergências cristológicas entre alexandrinos e antioquenos.

Nestório foi acusado de dividir Cristo, de afirmar dois Cristos, o humano e o divino. Tanto Nestório como Cirilo recorreram ao Papa Celestino I que convocou um concílio regional em Roma no ano de 430, no qual se decidiu em favor de Cirilo, que é encarregado de entregar a Nestório a notificação com os 12 anátemas que condenavam suas teorias. Com o apoio de bispos antioquenos, Nestório reagiu, solicitando ao Imperador Teodósio II a realização de um concílio ecumênico, o qual foi convocado para Éfeso, em 431. Nesse concílio, a doutrina de Nestório foi condenada. Não houve em Éfeso nenhuma definição dogmática, mas foi aprovada a carta de Cirilo a Nestório na qual constam os doze anatematismos, que são fórmulas breves que condenaram aquelas interpretações equivocadas. Afirmou o concílio que Cristo é uma só Pessoa, perfeito Deus e perfeito homem. O Verbo tornou sua, assumiu a natureza humana, e Maria é mãe de Deus porque Deus quis assumir a natureza humana no ventre de Maria.

O pensamento-chave de Cirilo, em sua carta a Nestório, consiste na afirmação de que o Verbo de Deus uniu em si a humanidade de Jesus, constituindo uma identidade real e concreta entre o Verbo e Jesus, "não no sentido de que a natureza do Verbo tenha se transformado na carne do homem Jesus, mas no sentido de que o Verbo de Deus assumiu nele, pessoalmente, a carne humana" (DUPUIS, 2012, p. 122).

Na resposta a Nestório, "o que se afirma, então, é que a 'misteriosa e inefável união' do Verbo com a humanidade de Jesus causa uma verdadeira unidade: o Verbo de Deus tornou-se homem pessoalmente no homem Jesus. Entre eles há um único sujeito concreto e subsistente" (DUPUIS, 2012, p. 122).

Contudo, o Concílio de Éfeso foi marcado por muita turbulência. A paz não está garantida, a unidade não se concretiza. Os seguidores de Nestório, liderados por João de Antioquia, depuseram Cirilo. Em 433 aconteceu a reconciliação, através de acordos dos lados com a assim chamada *Fórmula da União*. Através desse acordo, Cirilo renunciou aos 12 anátemas e os antioquenos renunciaram a Nestório. Naturalmente houve reações contra a união, ou melhor, contra as concessões feitas por ambos os lados. Os alexandrinos acusaram Cirilo de fraqueza por ter assinado o acordo. Do lado dos antioquenos nem todos concordaram com a condenação de Nestório.

Mais tarde, com a morte de vários protagonistas de Éfeso, como por exemplo Cirilo e João de Antioquia, e Nestório exilado, os antioquenos sofreram novas acusações. Na tentativa de combater o nestorianismo caiu-se no outro extremo, no monofisismo. Se o nestorianismo afirmava a existência de duas naturezas e de duas pessoas em Jesus, por acentuar por demais a distinção, o extremo oposto dessa tendência foi o monofisismo, em que a natureza divina absorve a natureza humana. Tal tendência teve como representante máximo Eutiques, zeloso e defensor da doutrina de Éfeso. Para Eutiques, em Cristo há duas naturezas, a humana e a divina, mas tão unidas e unificadas a ponto de a natureza humana ficar absorvida pela divina. Cristo não seria consubstancial aos homens. Denunciado ao Arcebispo Flaviano de Constantinopla, foi condenado e deposto. O Papa Leão Magno, além de aprovar a decisão de Flaviano, enviou-lhe uma famosa carta, conhecida como *Tomus ad Flavianum*, em que foram esclarecidas as questões das duas naturezas de Cristo. Nesse importante documento se defendeu a doutrina da união hipostática, ou seja, união da natureza humana e da natureza divina na Pessoa do Verbo. Em Cristo há uma única Pessoa, a divina, em duas naturezas, a humana e a divina. No Concílio de Calcedônia, ao ser lido solenemente o *Tomo a Flaviano*, o eutiquianismo foi condenado. A *Fórmula da União* e o *Tomo* foram a base da fórmula do Concílio de Calcedônia.

10.2 O Concílio de Calcedônia

O Concílio de Calcedônia, no ano de 451, foi o momento culminante para a cristologia. Éfeso se concentrou no significado da encarnação em termos da união hipostática, ressaltando a unidade das duas naturezas, mas não trabalhou a distinção entre sua divindade e humanidade. Calcedônia deu sua contribuição nesse aspecto. "Na verdade, a problemática de Calcedônia centra-se na questão da humanidade de Jesus, ou seja: se o Verbo de Deus assumiu em si a natureza humana, o que acontece a essa natureza, no processo de união? Mantém-se em sua realidade humana ou é absorvida pela divindade do Filho de Deus" (DUPUIS, 2012, p. 126-127). Enquanto que Eutiques afirmava que Cristo vem de duas naturezas, mas sem permanecer nas duas naturezas após o processo de encarnação, pois o humano foi absorvido pelo divino, com isso Cristo não seria consubstancial conosco na humanidade, Calcedônia dogmatiza que Jesus Cristo é verdadeiramente divino e humano.

Fixemo-nos nas principais expressões do Símbolo: "Um e mesmo Filho Nosso Senhor Jesus Cristo é perfeito na divindade e perfeito na humanidade, verdadeiramente Deus e verdadeiramente homem, com alma racional e corpo, consubstancial ao Pai, segundo a divindade, e consubstancial a nós, segundo a humanidade". Nesse parágrafo encontram-se praticamente refutações a todas as heresias desse rico processo cristológico trinitário. "Perfeito na sua divindade" refuta o arianismo; "perfeito na sua humanidade" é a refutação ao docetismo. A expressão "verdadeiro Deus e verdadeiro homem", no mesmo sentido que a afirmação anterior, confessa a plenitude de cada uma das duas naturezas de Cristo. "Composto de alma racional e de corpo", ao contrário do que afirmava Apolinário, confessa a plena humanidade de Cristo, que compreende corpo e alma. "Consubstancial ao Pai segundo a divindade, e consubstancial a nós segundo a humanidade" é aplicado agora em relação a nossa humanidade e a de Jesus, embora, naturalmente, as duas consubstancialidades não são da mesma ordem, pois o Filho é consubstancial ao Pai eternamente, e a nós, temporalmente. "Sem confusão, sem mudança, sem divisão, sem separação": estes quatro advérbios negativos assinalam a compreensão e novamente a distinção das naturezas divina e humana, refutando o eutiquianismo e nestorianismo.

Há uma complementariedade entre os concílios de Éfeso e Calcedônia no tocante ao real significado das duas naturezas do Verbo encarnado, ou seja, da unidade e da distinção da natureza divina e humana. Enquanto que um concílio enfatiza a unidade das duas naturezas, o outro, a partir dessa mesma unidade, enfatiza a distinção entre elas. A fórmula de Calcedônia, mais do que querer explicar de que forma se dá a unidade e a distinção das naturezas na Pessoa que é Verbo, quer salvaguardar a plena divindade e plena humanidade em Deus. A verdadeira unidade entre divindade e humanidade não pode sacrificar nenhuma dessas dimensões da pessoa do Filho de Deus. No mistério da encarnação da Segunda Pessoa da Santíssima Trindade não se pode permitir a dissolução de uma natureza na outra, isto é, a humanidade não pode ser diluída na divindade ou vice-versa. Salvaguardar as duas naturezas do Filho de Deus na mais profunda unidade entre elas é fundamental para mergulhar no mistério salvífico da Trindade.

10.3 A relação do Filho com o Espírito Santo: o *Filioque*

O símbolo niceno-constantinopolitano, do ano de 381, declarou a divindade do Espírito Santo, aprofundou a relação do Espírito com o Pai. Afirmou que o Espírito procede do Pai, deixando, contudo, em aberto a relação do Filho com o Espírito. A teologia trinitária continuou aprofundando tal questão e outras, no intuito de captar sempre de forma melhor e correta a articulação entre a unidade e a pluralidade em Deus.

Latinos e orientais deram respostas diferentes para a relação do Filho com o Espírito Santo, ou, mais especificamente, no tocante à procedência do Espírito. Começou a circular no século IV uma versão latina que acrescentou a expressão "e do Filho" na procedência do Espírito Santo, ou seja, se até então se tinha afirmado que o Espírito procede do Pai, os latinos, ao prezar pela igualdade da substância do Espírito, acrescentaram "e do Filho" (*filioque*) à procedência do Espírito. Deus Pai, no seu amor infinito, gera o Verbo Eterno, o Filho, e do amor mútuo dos dois procede o Espírito Santo como terceira Pessoa. Os latinos afirmam que o Espírito procede do Pai e do Filho para reforçar a igualdade de substância também do Espírito Santo e, com isso, rebater o subordinacionismo ariano ainda persistente na Espanha.

Foi na Espanha, portanto, que um nobre e erudito leigo espanhol († 385) começou a falar que o Espírito procede não somente do Pai mas também do Filho. O primeiro Concílio de Toledo, do ano de 400, assegura: "Existe também o Espírito Paráclito, que não é nem o Pai nem o Filho, senão que procede do Pai e do Filho. É pois ingênito o Pai, engendrado o Filho, não engendrado o Espírito Santo senão que procede do Pai e do Filho" (*DS* 188).

Mais tarde, no 3º Sínodo de Toledo, 589, o Rei Recaredo, convertido do arianismo, ordenou pôr no Símbolo niceno-constantinopolitano essa nova fórmula, o *Filioque* (e do Filho), para assim fazer frente ao arianismo e reafirmar a divindade do Filho e do Espírito Santo. Essa fórmula se divulgou por toda a Igreja latina. A questão problemática é que os orientais interpretaram como um ato cismático alterar o credo de Niceia. Soma-se a isso o fato de Calcedônia ter considerado anátema quem professasse outra fé daquela do concílio. Em 1014, na coroação de Henrique II pelo Papa Bento VIII, o Credo com a nova fórmula foi cantado na Basílica de São Pedro. Os orientais, que prezam primazia do Pai como fonte da divindade, entendem que dizer que o Espírito procede do Pai e do Filho acarreta o risco de pensar serem duas as fontes de divindade, dois princípios, ou seja, o Pai e o Filho como duas fontes do Espírito. Para os orientais, a causa única das Pessoas divinas é o Pai. O Espírito procede do Pai, mediante o Filho. O

Pai, na compreensão grega, constitui a fonte originante de toda divindade. Deus é fundamentalmente a causa de tudo; dele tudo procede. Se o Filho é também causa, o é de uma forma recebida do Pai. O Espírito procede de um único princípio. Se o Filho espira o Espírito Santo junto com o Pai, o faz enquanto Filho do Pai e não enquanto Filho simplesmente.

As discussões de ordem teológica e política se estenderam por longo período, até que em 1054 aconteceu a dolorosa divisão entre os ortodoxos e os ocidentais. Nesse doloroso processo, concílios, sobretudo o II Concílio de Lião (1274) e o de Florença (1431-1447), se esforçaram para promover a unidade entre Oriente e Ocidente. No Concílio de Florença chegou-se, não facilmente, a um texto de reconciliação dogmática entre as duas concepções, ocidental e oriental.

> Da processão do Espírito Santo. Em nome da Santa Trindade, do Pai, do Filho e do Espírito Santo, com a aprovação deste concílio universal de Florença, definimos que por todos os cristãos seja crida e recebida esta verdade de fé, e assim todos professem que o Espírito Santo procede eternamente do Pai e do Filho, e do Pai juntamente e do Filho tem sua essência e seu ser subsistente, e de um e de outro procede eternamente como de um só princípio, e por uma única expiração; declaramos ainda que aquilo que os santos Doutores e os Padres dizem, que o Espírito Santo procede do Pai pelo e através do Filho, tende a esta compreensão, para significar através disso que também o Filho é, segundo os latinos, princípio da subsistência do Espírito Santo, como também o Pai. Posto que tudo o que é do Pai, o Pai mesmo o deu a seu Filho unigênito ao gerá-lo, fora do fato de ser Pai, o fato de o Espírito Santo proceder do Filho, isso o tem o mesmo Filho eternamente também do Pai, de quem é também eternamente gerado. Definimos além disso que a adição das palavras *Filioque* (e do Espírito), foi lícita e razoavelmente posta no Sínodo por declarar a verdade e por necessidade urgente daquele tempo (*DS* 1.300-1.302).

A fórmula foi aceita, mas a divisão entre as Igrejas oriental e ocidental continuou. Fato é que nas discussões que levaram à separação não se percebeu que as afirmações sobre a procedência do Espírito Santo das duas tradições eram maneiras diferentes de professar a mesma fé. Dizer que o Espírito Santo procede do Pai e do Filho é o mesmo que dizer que Ele procede do Pai através do Filho ou pelo Filho.

Ambas as tradições são legítimas e complementares: o *Filioque* preserva a igualdade da essência do Pai e do Filho, enquanto o Oriente preserva com mais ênfase a monarquia do Pai, sublinhando a ação do Espírito Santo. Os orientais acusam os latinos de querer racionalizar o mistério, fazendo o Espírito derivar do Pai e do Filho como de um princípio anônimo e, deste modo, o Pai já não seria o único princípio das Pessoas divinas. Contudo, os latinos são unânimes em afirmar que não pretendem racionalizar o mistério trinitário e não aceitam que o Espírito provenha do Pai e do Filho como de um princípio anônimo, mas de ambos enquanto estão unidos pelo amor, ressalvando que o Pai é o princípio fontal de toda a Trindade.

Ocidentais, latinos, nunca negaram a causalidade única do Pai em relação ao Espírito Santo; nunca falaram de duas fontes de divindade; eles enfatizam a comunhão entre o Pai e o Filho. "O Filho é o pressuposto lógico e a condição efetiva da procedência do Espírito a partir do Pai, mas Ele não é a sua causa, assim como o é o Pai" (MOLTMANN, 2011, p. 190). Para os latinos, dizer que o Espírito procede do Pai e do Filho é afirmar que Ele procede do Pai, mas, sobretudo, da relação entre Pai e Filho, pois onde está o Pai está também o Filho.

11
Os concílios medievais e a contribuição dos teólogos desse período

A questão que perpassa toda a longa jornada teológica e que impulsiona outras questões é sempre a mesma: como conciliar unidade e diversidade em Deus? Como conciliar na divindade de Deus o Uno e o Trino? Um salto a mais foi dado nos concílios medievais e com as reflexões de eminentes teólogos desse período no tocante a essas questões.

Entre os Três divinos não há anterior nem posterior, maior ou menor. Eles são coeternos e coiguais. No IV Concílio de Latrão (1215) foi reafirmada a unidade divina em resposta ao Abade Joaquim de Fiori, que "confessava não ser esta unidade própria e verdadeira, senão coletiva e por semelhança, à maneira como muitos homens se dizem um povo e muitos fiéis uma Igreja" (*DS* 803). Joaquim entendia a unidade divina ao modo de uma coletividade genérica, como, por exemplo, uma reunião de muitas pessoas que forma um povo. Diante disso declarou o concílio lateranense: "Portanto, ainda que o Pai seja um, outro o Filho, e outro o Espírito Santo, não são outra coisa senão que o que é o Pai o são também completamente o Filho e o Espírito Santo, de tal maneira que se deve crer, segundo a fé católica e ortodoxa, que são consubstanciais. O Pai que desde sempre gera o Filho deu-lhe sua substância [...]" (*DS* 805).

Uma expressão fundamental na teologia trinitária nesse contexto foi pericorese, cujo significado remete à ideia de um estar penetrado no outro; portanto, aponta para a unidade divina, a inabitação mútua de uma Pessoa divina nas outras na única divindade. Esse termo foi assumido no período posterior, no Concílio de Florença, 1442, com o Decreto aos Jocobitas para reafirmar mais uma vez a comunhão entre os divinos Três. Afirma o texto conciliar: "O Pai está todo no Filho e todo no Espírito Santo; o Filho está todo no Pai e todo no Espírito Santo; o Espírito Santo está todo no Pai e todo no Filho; ninguém precede ao outro em eternidade ou o excede em grandeza ou o sobrepuja em poder" (*DS* 1.331). Voltaremos à reflexão sobre o significado de pericorese em um capítulo especificamente dedicado a esse tema.

Além dos breves acenos aos concílios medievais, torna-se de fundamental importância visitar o pensamento de eminentes teólogos desse período que marcaram o pensamento trinitário da Idade Média, cuja contribuição e relevância são inquestionáveis. Quem nunca ouviu, por exemplo, aquela frase de Santo Agostinho diante da grandeza do mistério de Deus Trino?: "é mais fácil colocar toda a água do oceano neste pequeno buraco na areia do que a inteligência humana compreender os mistérios de Deus!" Agostinho, Tomás de Aquino, Ricardo de São Vítor, dentre outros teólogos do período medieval, trouxeram para a sistematização da fé na Trindade intuições importantes, sobretudo em relação à compreensão de Pessoa na Trindade e suas relações.

11.1 Agostinho de Hipona

Os enfoques a partir de onde se parte na reflexão trinitária são distintos em cada época e em cada pensador cristão. Agostinho parte do primado da unidade de Deus, da essência divina que é igual em cada uma das Pessoas da Trindade. Toda a teologia medieval foi fortemente influenciada por essa ênfase do bispo de Hipona. Sua reflexão sobre o tema da Santíssima Trindade encontramos principalmente em sua obra *A Trindade*.

A ênfase agostiniana na essência divina quer evitar todo subordinacionismo e qualquer tendência de separação das Pessoas divinas, cujas ações são indivisíveis, ou seja, a Trindade atua como único princípio. As Três Pessoas da Trindade possuem a totalidade da essência divina, o que as fazem perfeitamente iguais. "Tão perfeita é a igualdade no seio da Trindade que não somente o Pai não é maior que o Filho no tocante à divindade; nem o Pai e o Filho juntos são uma realidade maior que o Espírito Santo; tampouco qualquer das pessoas em particular é inferior à própria Trindade" (AGOSTINHO. *A Trindade* 8.1). Continua o autor de Hipona: "Na excelsa Trindade, porém, um é tanto quanto os três juntos; e dois são tanto quanto um. E são em si infinitos. Desse modo, cada uma das Pessoas divinas está em cada uma das outras, e todas em cada uma, e cada uma em todas estão em todas, e todas são somente um" (AGOSTINHO. *A Trindade* 6.2).

Da unidade absoluta de Deus, Agostinho passa à reflexão sobre a Trindade das Pessoas divinas a partir da categoria "relação", e o faz com muita cautela para não prejudicar a unidade divina. Agostinho usa com reticências o termo pessoa para referir-se aos Três divinos, por ter uma conotação de indivíduos separados, uma vez que o termo pessoa é aplicado aos seres humanos, cujo significado não necessariamente remete ao outro.

Já na Trindade, o sentido de Pessoa remete ao outro, isto é, as relações lhe são constitutivas. Agostinho utilizou a expressão Pessoa aos três muito mais por falta de outra terminologia do que por convicção.

São as relações que constituem as Pessoas divinas. A essência é a mesma nas Três Pessoas, enquanto que são as relações que as diferenciam umas das outras. "Em relação a si mesmas (*ad se*), as Pessoas divinas coincidem com a essência divina, pois são o único verdadeiro Deus. Na relação com as demais (*ad aliquid*), distinguem-se entre si como o Pai, que gera, o Filho, que é gerado, e o Espírito que procede de um e de outro. Essa relação de reciprocidade é que constitui as Pessoas enquanto tais" (TAVARES, 2007, p. 149).

Para Agostinho, as Pessoas divinas não têm relações, elas são relações. Nada na Trindade é acidente, tudo é essencial. O mesmo se deve dizer das relações divinas, as quais são constitutivas e essenciais no íntimo da vida trinitária. São as relações que nos permitem captar a procedência das Pessoas trinas. A partir da unidade divina, Agostinho premeia a reflexão trinitária com sua aguda sensibilidade teológica no tocante às origens das Pessoas divinas, sobretudo a do Espírito Santo, que é dom comum do Pai e do Filho. O Espírito procede do Pai e do Filho, pois Ele é "como uma comunhão inefável do Pai e do Filho" (AGOSTINHO. *A Trindade* 5.12).

Pai e Filho são um só princípio do Espírito Santo, sem que com isso seja anulada a distinção de ambos, nem a característica de ser o Pai a origem do Espírito, como ele mesmo deixa claro no pensamento que segue:

> Não obstante, com razão, nesta Trindade, chama-se Verbo de Deus apenas o Filho; e Dom de Deus somente o Espírito Santo; e Deus Pai somente Aquele que gerou o Verbo e do qual procede, principalmente, o Espírito Santo. Acrescentei "principalmente" [*principaliter*], porque é reconhecido que o Espírito Santo procede também do Filho. Mas essa procedência foi outorgada ao Filho pelo Pai, não como se o Filho pudesse existir sem ter tido tal privilégio, mas no sentido de que tudo o que o Pai deu ao Verbo unigênito, deu-o por geração. Portanto, de tal modo o gerou, que dele procedesse também o Dom comum;

e o Espírito Santo fosse Espírito de ambos (AGOSTI-NHO. *A Trindade* 15.29).

Agostinho faz abundante uso de analogias entre o espírito humano e a Trindade no intuito de melhor contemplar o mistério do Deus Uno e Trino. Analogamente, ele faz uma aproximação entre as faculdades do espírito humano e as Pessoas divinas. Partindo do princípio que o ser humano foi criado à imagem e semelhança da Trindade, o espírito humano reflete algo, timidamente, do mistério das relações das Pessoas divinas. Seu argumento é o seguinte: o ser, o conhecer e o querer, ou a memória, a inteligência e a vontade estão profundamente relacionadas entre si. O espírito humano é, conhece e ama; ama ser, ama conhecer e ama amar. Essas três dimensões são inseparáveis, constituem uma única vida. Essa tríade da alma humana são três realidades e, ao mesmo tempo, uma só vida. "De maneira admirável são inseparáveis umas das outras e, todavia, cada uma delas, consideradas à parte, é uma substância; e todas juntas são uma substância ou essência, ainda que se prediquem em relação recíproca" (AGOSTINHO, 1994, p. 290-291). Essa realidade sensível e interior no ser humano remete à realidade mais íntima da Trindade, sempre respeitando a infinita diferença entre nós e a Trindade Santa.

Ao conhecer, o espírito humano gera dentro de si um outro que é o verbo, o conhecimento, inseparável dele. Assim, Deus gera o Verbo, que é inseparável de Deus (AGOSTINHO. *A Trindade* 15, 14,23). E Deus Pai o gera, como já vimos anteriormente, juntamente com o Filho. Voltando à comparação da alma humana, diz Agostinho que da mente humana procede o verbo, e da mente e do verbo procedem o amor, pois a mente (se) conhece e (se) ama. O amor procede da mente e do verbo, (conhecimento) juntos. Em nós, o amor supõe o conhecimento, pois "ninguém pode amar algo totalmente desconhecido" (AGOSTINHO, 1994, p. 284).

Ao mesmo tempo o amor é esse elo que une os dois, é o amor do amado e do amante, a mente e o conhecimento. Assim, de forma comparativa, do Pai procede o Filho, e do Pai e do Filho procede o Espírito. Pai e Filho são nomes relativos, ou seja, remetem às eternas relações entre Eles, oriundas das processões divinas, acima mencionadas. A característica relacional do Espírito aparece como Dom, dom do Pai e do Filho. Agostinho distingue entre dom (*donum*) e dado (*donatum*). Eternamente Ele é Dom, e ao ser criado o mundo, Ele é doado. "De fato, o Espírito é eternamente dom, mas temporariamente doado" (AGOSTINHO, 1994, p. 211).

Agostinho foi um apaixonado pela reflexão e contemplação da Trindade por meio de analogias feitas a partir das faculdades internas e sensíveis do ser humano. Nesse processo de percepção e conhecimento do espírito humano, das faculdades internas, profundamente unidas e inseparáveis, em que se realiza esse movimento em que o primeiro (mente) gera o segundo (conhecimento), e o terceiro (amor) une os dois primeiros, Agostinho consegue intuir o mistério do Deus relacional.

Não obstante tamanha riqueza oferecida pelo bispo de Hipona para o pensamento ocidental sobre a Trindade, não se pode deixar de apontar as limitações de seu pensamento, o que não significa desmerecer a riqueza de sua teologia. A primazia no ser divino, a ênfase na unidade divina, entendida quase como que um ser absoluto em detrimento dos testemunhos bíblicos, parece ter sido sua principal dificuldade na reflexão trinitária.

11.2 Santo Tomás de Aquino

Tomás de Aquino deu sequência à tendência agostiniana de iniciar a reflexão trinitária pela essência divina. Essa foi a estrutura que marcou todo o pensamento teológico trinitário da Idade Média. A estrutura da reflexão nesse período se caracterizou pela distinção entre o Deus Uno (*De Deo Uno*) e Deus Trino (*De Deo Trino*). Primeiramente se teologizava sobre a essência divina em si mesma e, posteriormente, sobre a distinção entre as Pessoas trinas. O ponto de partida é a unidade divina em si mesma, a qual é colocada em primeiro plano.

A partir da primazia da unicidade divina, Tomás de Aquino se esforçou para dar uma resposta e levar adiante a reflexão sobre a instigante indagação: como o Deus Uno é ao mesmo tempo Trino? Na tentativa de aprofundar a questão, Tomás levou adiante as analogias de Agostinho, tiradas da alma humana. O intelecto, que tem como ação o entender, permanece naquele que entende. Assim, o Pai, ao gerar o Filho, não se separa dele. Esse processo é chamado geração. A diferença entre geração e processão foi aprofundada por Santo Tomás através de analogia às faculdades humanas do entendimento e da vontade.

Processões dizem respeito às origens internas da divindade. Elas se dão naquela realidade da única substância divina. Duas são as processões: a geração do Filho e a processão do Espírito Santo; a primeira, pela via do intelecto e a segunda, pela via da vontade, ou do amor. Conceitos tão caros à teologia trinitária estão presentes com muito rigor terminológico na reflexão de Tomás: processões, relações, apropriações, pessoas, missões.

Grande contribuição de Santo Tomás à teologia trinitária foi sua reflexão sobre o conceito de pessoa. As Pessoas divinas e as relações são constitutivas da divindade e não algo acidental. As Pessoas divinas subsistem nas relações que se dão na única essência divina, assim como a única essência divina subsiste nas Três Pessoas divinas. Enquanto que nós humanos temos relações, Deus é relação. As relações trinitárias se identificam com a essência divina. Tomás chamou essa realidade em Deus de relações subsistentes. "Ora, em Deus a distinção não se faz senão pelas relações de origem [...]. Mas a relação em Deus não é um acidente que pertence a um sujeito, mas é a própria essência divina. E, por conseguinte, é relação subsistente, como subsistente é a essência divina. Portanto, como a deidade é Deus, assim a paternidade divina é Deus Pai, que é uma Pessoa divina. Assim, pois, a pessoa significa uma relação subsistente" (*Sth.* 1, 29,4). Ou seja, o que o Pai é para o Filho, Ele o é em si mesmo. Desde sempre o Pai é Pai. Nisso está sua individualidade, o ser Pai, sua relação de paternidade para com o Filho.

Também em Tomás de Aquino, grande personagem da sistematização da teologia trinitária do Ocidente, se percebe a tendência de ter como ponto de partida a essência una do Deus Trino, com pouco referencial à historicidade da revelação divina na vida de Jesus de Nazaré.

11.3 Ricardo de São Vítor

Dentre tantos pensadores cristãos que contribuíram para o aprofundamento da reflexão da teologia trinitária no período medieval, Ricardo de São Vítor, cônego agostiniano da Abadia de São Vítor de Paris, prefigura entre os mais importantes. Diferentemente da tradicional tendência da Idade Média de enfatizar a essência divina, Ricardo coloca a ênfase, em sua reflexão teológica, no amor. É ela, a caridade, o amor, o princípio fundamental para conhecer o Deus tripessoal. As relações em Deus são relações de amor, relações de comunicação amorosa recíproca.

A tônica de sua reflexão está no primado do Amor caridade que é Deus, e que se revela numa unidade plural, num eterno dom de si. Nenhuma perfeição pode faltar a Deus. Nada é mais perfeito do que a caridade. Nada é mais gozoso do que a caridade. Em Deus se dá a caridade de forma plena, isso porque existem na Trindade Pessoas que se amam perfeitamente, com a plenitude do amor divino. Para que exista o amor divino é necessário que haja pessoas que se amem divinamente. Deus é também a plenitude da felicidade e do gozo porque recebe e dá a plenitude do amor. "Se na verdadeira divindade colocamos uma única pessoa, assim como colocamos uma única substância, esta não teria claramente ninguém a quem poder comunicar a efusão infinita da sua" (*De Trinitate* III, 4).

A partir, portanto, do primado e da essência da caridade, Ricardo chega na pluralidade em Deus. A caridade perfeita supera todo egoísmo, se abre ao outro e ao terceiro. Deus é suma caridade porque nele há uma pluralidade de Pessoas que se amam e se entregam totalmente.

A pluralidade em Deus se deve à perfeição da caridade, perfeição essa que não permite nenhuma espécie de subordinação de um para com o outro. "A suma caridade exige a igualdade das pessoas" (LADARIA, 1998, p. 251). Caridade-amor, portanto, além de estar relacionada à perfeição, está também ligada ao gozo, à felicidade. "Como não há nada melhor do que a caridade, assim nada é mais gozoso do que a caridade" (LADARIA, 1998, p. 251). O amado não pode ser inferior ou menor, pois não receberia a totalidade da caridade nem poderia dá-la de volta. A essência da caridade, do amor ágape, exige um terceiro para a experiência da plenitude do amor. Não admitir um outro na comunhão do amor é sinal de debilidade, o que não é o caso de Deus. A plenitude do amor exige que se comunique a um terceiro. É a terceira pessoa que rompe com a relação apenas a dois, permitindo, assim, a verdadeira comunhão. Deus não é solitário, nem fechamento a dois. É amor pleno, amor comunional, amor ágape. Condigno (*Condignus*) é o outro nessa pluralidade divina que seja digno desse amor. Deus que é sumo amor só o pode ser se houver alguém que seja digno desse amor. Daí o Condigno (*Condignus*). Esse amor não se fecha a dois, mas é aberto a um terceiro, com o qual é partilhado. Daí o Coamado (*Condilectus*).

Na Trindade são três porque no amor se distingue o amor gratuito, o amor devido e o amor devido e gratuito. Em Deus também se realiza essa dinâmica amorosa, porém, nele há algo específico, "cada Pessoa é o mesmo que o seu amor" (LADARIA, 1998, p. 252). O Pai é amor, que é gratuito. O Espírito é o amor devido, pois só o recebe. O Filho possui tanto o amor devido do Pai, ou seja, o amor recebido do Pai, como também o amor gratuito, que é o amor dado ao Espírito.

Ainda em relação às analogias, diferentemente do caminho daquelas analogias vistas anteriormente (a alma humana que se conhece e se ama reflete o mistério da Trindade), ele opta por evidenciar reflexos da Trindade nas relações humanas, no amor interpessoal. A realização do ser humano está nas relações com os outros. O amor se plenifica quando rompe todo egoísmo e se dirige a um tu e ao terceiro. Essa realidade relacional no ser humano é a que melhor reflete a plenitude da caridade que é Deus na pluralidade de Pessoas divinas. Conforme já mencionado, na plenitude da caridade que é Deus se fundamenta a pluralidade das Pessoas divinas. Para que a caridade seja perfeita, urge a pluralidade de pessoas.

É nessa perspectiva, ao sondar a personalidade própria de cada um dos três, com suas características próprias, que Ricardo desenvolveu de modo único e com uma originalidade surpreendente o conceito de pessoa. Vale lembrar que a referência até então para a maioria dos pensadores no tocante a esse tema era Boécio. Boécio, ao explicar a diversidade em Deus, entendia pessoa como "uma substância indivisa de natureza racional". Tal definição de pessoa situa-se numa ontologia da essência, isto é, trata-se de uma definição essencialista...

No entendimento do autor, a substância divina não tem matéria nem movimento, por isso ela é indivisível, una. A essência da pessoa, para Boécio, deve ser buscada na substância racional individual, o que significa que outras dimensões como a relação ficam de fora da definição de pessoa. Em outras palavras, na natureza racional está o acento de sua concepção de pessoa. Por natureza ele entende "a propriedade específica de qualquer substância".

Ricardo de São Vítor, de forma original, e diferentemente de Boécio, cuja definição era por demais genérica, propõe pessoa como "existência incomunicável de natureza divina" (*De Trinitate* IV, 22). Como se pode perceber, ele substitui o termo substância, utilizado por Boécio, por existência. Fiquemos atentos igualmente no termo "incomunicável", o qual terá uma importância decisiva em sua definição de pessoa. Ricardo busca pela identidade pessoal da pessoa, e percebe que essa não pode ser encontrada na substância, e sim na propriedade particular a qual é portadora da substância. Portanto, há outro elemento, para além da "substância racional", que é incomunicável e que determina o ser pessoa, a sua identidade particular, o seu nome próprio. A substância deve responder pela pergunta "quem", e não simplesmente pelo "o quê".

O termo existência é igualmente fundamental em sua compreensão de pessoa. Existência diz respeito àquilo que possui uma certa substancialidade, ou seja, ao seu "o quê", e ao mesmo tempo àquilo que remete a uma qualidade e em perspectiva relacional, dependente.

Há uma existência comum e uma existência incomunicável. Comum é aquela que é partilhada entre vários, e incomunicável é aquela que é única, singular, que faz com que a pessoa seja diferente das outras. Comum é a substância animal, racional. Incomunicável é a propriedade particular, e essa é constitutiva da individualidade; portanto, não é algo acidental.

Resumidamente, para Ricardo, pessoa é aquilo no qual a natureza racional existe. Pessoa é alguém e não algo, portanto, ele se afasta da ideia essencialista de pessoa.

No mistério trinitário, definir Pessoa divina por substância pode levar a entender tratar-se de três substâncias em Deus. A expressão "existência incomunicável" revela ao mesmo tempo a essência divina quanto à procedência das Pessoas. Em Deus há a unidade no modo de ser e pluralidade no modo de existir. O termo *existentia* expressa essas duas dimensões. Sua etimologia é composta de *sistere*, que é o ser em si, e *ex*, que é ser a partir de outro. Nesta perspectiva, nas palavras de Ricardo, "um possui o ser em si mesmo e, ao mesmo tempo, o possui como originado de alguém e de alguma coisa" (*De Trinitate* IV, 23).

Em Deus, as Pessoas divinas são Um segundo o modo de ser e Trinas segundo o modo de existência. É pelo modo de existir, pela origem ou da processão que Elas se distinguem umas das outras. Como palavras diferentes, é por meio de diferentes características que as Pessoas possuem a mesma essência.

12
O mistério da unidade e da diversidade em Deus

Os capítulos anteriores tiveram como objetivo principal levar o leitor a conhecer o percurso de sistematização teológica rumo à formulação da doutrina da Santíssima Trindade. Os principais conceitos, necessários à formulação sistemática do dogma da Trindade, foram postos nesses quatro séculos de história da fé cristã. Todas as abordagens posteriores a esse período do mistério de Deus Trindade tem como referência necessária os dados bíblicos e a riqueza desse percurso iniciado na Patrística.

Posto isso, este capítulo pretende ser uma espécie de retomada e desenvolvimento dos principais temas daquele rico período da história da teologia da Trindade, de certa forma, já explicitados anteriormente. Enquanto que os capítulos precedentes foram uma abordagem de cunho mais histórico, esses receberão um cunho mais teológico-pastoral. Temas da realidade de Deus como essência, processão e espiração, pericorese, missões serão melhores desenvolvidos aqui. Refletiremos de modo especial duas realidades do mistério trinitário: a unidade na essência e a diversidade de Pessoas divinas.

Conciliar a unicidade (um) e a diversidade (três) em Deus sempre foi e sempre será o grande desafio da reflexão teológica e da vivência da fé cristã. A profissão central da fé cristã é a crença na existência de um só Deus em Três Pessoas. Pai, Filho e Espírito Santo são um só Deus, eternamente unidos em profunda comunhão de amor. Unidade na essência e diversidade de Pessoas divinas constitui o mistério central da vida interna de Deus. Há um só Deus e Três Pessoas divinas, Pai, Filho e Espírito Santo, entrelaçados no único amor, na única vontade, na única santidade, na única glória.

Essas duas dimensões constitutivas de Deus, unidade e pluralidade, uno e trino, são coeternas e simultâneas, ou seja, uma não é anterior à outra. A máxima unidade das Pessoas divinas coincide com a máxima distinção entre Elas. Deus é um porque é Trino e é Trino porque é um. "O modo de viver essa unidade é necessariamente trinitário: a Trindade é o modo de Deus ser um" (CAMBÓN, 2000, p. 48).

Amor é outro nome para a realidade de Deus Trindade. Deus é amor porque é comunidade de Pessoas na mais profunda sintonia de vida. Somente a partir da abordagem trinitária se entende, portanto, a afirmação de São João de que "Deus é amor" (1Jo 4,8). A pericorese em Deus situa-se na mesma dinâmica do amor trinitário. Quem ama e deixa ser amado vive no outro, com o outro e para o outro. O amor verdadeiro é abertura incondicional para dar-se ao outro e para receber o outro, e juntos formarem uma só realidade. Assim é Deus Trindade. Os conceitos de amor e pericorese, que não são conceitos mas aquilo que Deus mesmo é, serão tratados neste capítulo.

12.1 A unidade de Deus: a única essência divina

Vimos no capítulo anterior que no processo de elaboração dos dogmas trinitários fez-se uso do termo grego *ousia*, cujos significados e seus derivados são substância, ser, essência, para exprimir o mistério da igualdade na essência em Deus, ou seja, a unidade das

Três Pessoas divinas. Pai, Filho e Espírito Santo são eternamente da mesma essência divina, possuem a mesma vontade, a mesma sabedoria, o mesmo poder e glória, são da mesma natureza, da mesma e única divindade. O Filho é Filho desde sempre, pois eternamente existe junto do Pai, e recebe dele a sua essência. Deus é Pai porque gera eternamente o Filho, lhe comunica sua essência divina, por isso o Filho é divino, tão divino quanto o Pai.

Cada Pessoa é plenamente Deus, e não apenas parte da divindade, porque há uma só essência, comum aos Três. Retomamos o pensamento de Santo Agostinho sobre a igualdade da essência dos Três divinos. "Tão perfeita é a igualdade no seio da Trindade que não somente o Pai não é maior do que o Filho no tocante à divindade; nem o Pai e o Filho juntos são uma realidade maior do que o Espírito Santo; tampouco qualquer das pessoas em particular é inferior à própria Trindade" (AGOSTINHO. *A Trindade* 8.1). Quando Jesus diz no Evangelho de João "eu e o Pai somos um" (Jo 10,30), dentre tantas outras afirmações com esse mesmo sentido, está nos remetendo a este mistério da unidade divina, o que lhe rendeu, inclusive, a acusação de blasfemo por afirmar essa igualdade a Deus (Jo 10,33). "Antes que Abraão existisse, eu sou" (Jo 8,58), disse Jesus. Chama a atenção o fato de que o "eu sou" nos lábios de Jesus é o modo como Deus se revelou a Moisés no Antigo Testamento (Ex 3,4-6; 3,14).

O termo característico do credo niceno, *consubstancial*, da mesma substância, foi decisivo no esforço de melhor apreender a unidade de Deus. A única essência presente nas Três Pessoas é plena e indivisível. "O Pai, o Filho e o Espírito Santo juntos não são uma essência maior que o Pai só ou o Filho só, mas as três substâncias (ou pessoas, se assim as denominamos) são iguais a cada uma dentre eles em particular" (AGOSTINHO. *A Trindade* 7.11). Cada Pessoa é Deus plenamente, possui a totalidade da divindade, mas somente o é na comunhão, por isso os Três são um só Deus, e não três deuses.

Dizer que a mesma essência é comum aos Três divinos não significa que ela, a essência, a substância, a natureza, exista à parte ou acima das Três Pessoas. Essência em Deus não é algo genérico, acima ou fora das Pessoas divinas, pois não vem antes a essência divina para depois existir as Pessoas da Trindade. Equívoco seria, portanto, pensar que a essência divina seja mais importante que a pluralidade de Pessoas ou vice-versa.

A única e mesma essência divina no Pai, no Filho e no Espírito não permite nenhum tudo de subordinacionismo na Trindade. "Tão perfeita é a igualdade no seio da Trindade que não somente o Pai não é maior que o Filho no tocante à divindade; nem o Pai e o Filho juntos são uma realidade maior que o Espírito Santo; tampouco qualquer das pessoas em particular é inferior à própria Trindade" (AGOSTINHO. *A Trindade* 8.1).

O Pai transmite tudo ao Filho (cf. Jo 3,35). Cada Pessoa é Deus plenamente, mas somente o é na participação na única essência divina, na habitação de uma Pessoa nas outras, por isso há um só Deus e não três deuses. A reflexão de Leonardo Boff sintetiza bem o que estamos descrevendo:

> O Filho não é o Pai, embora provenha do Pai; em segundo lugar se diz que este Filho unigênito é consubstancial ao Pai. Por esta expressão consubstancial (*homoousios*) se quer garantir a unidade em Deus. O Filho não é um segundo Deus, mas pela comunhão na mesma e única natureza é o único Deus. A consubstancialidade visa ainda mais longe: quer enfatizar a interpenetração de Pai e Filho. O Pai não pode existir sem o Filho, assim como o Filho não pode existir sem o Pai. Pai e Filho não se adicionam na divindade, mas por mútua exigência, são o único Deus (BOFF, 1986, p. 218).

Cada Pessoa é Deus plenamente. A única e mesma substância é indivisível nos três. O Pai é Deus, o Filho igualmente é, "nele habita toda a plenitude da divindade em forma corporal" (Cl 2,9); o Espírito Santo é Deus e Senhor (cf. 2Cor 3,17). Estamos diante do mistério de perfeita igualdade. Tudo na Trindade é em comum. O Pai doa tudo ao Filho, menos a paternidade. O Pai, o amor que ama o amado eternamente, lhe entrega tudo (cf. Jo 3,35; 5,20; 13,3). Tudo o que é do Pai é do Filho, porque tudo lhe foi entregue (cf. Jo 16,15). O Espírito é o amor doado do Pai ao Filho. O Filho é o amado. O amor recebido é tão divino quanto o amor doado. "Aceitar o amor não é menos personalizante que dar o amor; deixar-se amar é amor não menos que amar [...]. Também o receber é divino" (FORTE, 1987, p. 106).

12.2 Pericorese: a inabitação mútua entre os Três divinos

Se todos os termos e expressões relacionados ao mistério de Deus são essenciais na correta compreensão da unidade e da comunhão em Deus, pericorese é um desses termos centrais nessa empreitada teológica. A distinção de Pessoas em Deus, Pai, Filho e Espírito Santo, se dá na máxima e na mais profunda unidade. Há em Deus uma coabitação perfeita e recíproca das Pessoas divinas, por meio da qual cada Pessoa é ela mesma porque está nas outras, é interpenetrada nas outras; cada Pessoa se move uma nas outras e está eternamente voltada para as outras. Deus é Uno e Trino, é mistério de comunhão porque nele há presença e interpenetração eterna e recíproca das Três Pessoas divinas. Pai, Filho e Espírito Santo são da mesma essência divina porque cada Pessoa habita e é habitada plenamente pelas outras, em perfeita comunhão de amor e de igualdade.

Cada Pessoa Santa encontra sua identidade no sair de si para estar nas outras. Com propriedade exclamava Santo Agostinho:

"Na excelsa Trindade, porém, um é tanto quanto os três juntos; e dois são tanto quanto um. E são em si infinitos. Desse modo, cada uma das Pessoas divinas está em cada uma das outras, e todas em cada uma, e cada uma em todas estão em todas, e todas são somente um" (AGOSTINHO. *A Trindade* 6.12). Nesta mesma perspectiva, o Concílio de Florença (1439-1442) assim se expressa: "O Pai está todo no Filho e todo no Espírito Santo; o Filho está todo no Pai e todo no Espírito Santo; o Espírito Santo está todo no Pai e todo no Filho; ninguém precede ao outro em eternidade ou o excede em grandeza ou o sobrepuja em poder" (*DS* 1.331). Santo Tomás de Aquino tem um pensamento muito pertinente no tocante à presença mútua entre os Três: "dado que quem ama se transforma naquilo que ama, o amor introduz o amante no amado, e vice-versa, de tal maneira que não há nada ao amado que não esteja presente naquele que ama" (*Sent.* XXVII, 1,1). Na bela intuição de Boff, "devemos dizer que as Pessoas não apenas estabelecem relações entre si, senão que elas se constituem como Pessoas exatamente pela mútua entrega da vida e do amor" (BOFF, 1986, p. 110)[16].

O termo que a teologia trinitária consagrou para expressar e articular esse mistério de unidade das Pessoas divinas na eterna morada mútua umas nas outras, em perfeita e plena comunhão, foi pericorese, de origem grega, e *circumincessio*, em latim.

O seu significado remete ao sentido de conter um no outro, isto é, remete à presença e interpenetração recíproca das Três Pessoas divinas umas nas outras. Esse "estar em" não significa algo acrescentado a uma essência divina prévia, nem muito menos

---

16. "O Pai, o Filho e o Espírito Santo se amam de tal forma e estão interpenetrados entre si de tal maneira, que estão sempre unidos. O que existe é a união das Três divinas Pessoas. A união é tão profunda e radical que são um só Deus. É semelhante a três fontes que constituem o mesmo e único lago. Cada fonte corre na direção da outra; ela entrega toda a sua água para formar um só lago. É parecido com os três focos de uma lâmpada, constituindo uma única luz" (BOFF, 2011, p. 25).

pode ser entendido de modo estático. Os Três divinos "vivem e habitam tão intimamente um no outro, por força do amor, de tal sorte que são um só. É um processo da mais perfeita e da mais intensiva empatia" (MOLTMANN, 2011, p. 182).

O termo foi introduzido por Gregório Magno (329-389), e João Damasceno lhe dá um significado técnico. Trata-se da dança divina, o movimento de vida plena que circula entre os Três divinos. Trata-se da dança de roda, do movimento relacional, policêntrico (não hierarquizado) que reina entre Pai, Filho e Espírito Santo[17]. Nesta lógica, Três aqui não significa soma, número, mas remete a esse mistério de interpenetração de uma Pessoa nas outras. Coexistência, consubstancialidade, coabitação são outros termos que remetem à realidade pericorética em Deus.

A comunhão pericorética entre os Três divinos não é posterior à individualidade, mas simultânea a ela, ou seja, não podemos pensar que as Três Pessoas são como que três indivíduos, que posteriormente se unem em comunhão. O conceito de pericorese liga de maneira genial e simultânea a unidade e a trindade em Deus. Ao mesmo tempo em que distingue as Pessoas, as une eternamente. A interpenetração é tão real e profunda que os Três divinos se conhecem mutuamente, se amam mutuamente, se glorificam mutuamente. A unidade divina se dá nessa profunda e eterna intercomunhão de Pessoas, em que elas habitam e deixam ser habitadas pelas outras.

---

17. "As próprias palavras, empregadas por Jesus e pelo Novo Testamento para manifestar o Pai, o Filho e o Espírito Santo, sugerem movimento, dinamismo, não uma tríade estática. O Pai envia o Filho e o Espírito Santo, que em determinados momentos do tempo cumprem aspectos diversos de uma mesma missão. Mais ainda, a denominação Pai provém de um movimento de geração, de quem resulta o Filho, assim como a denominação Espírito diz algo em movimento como o vento, que não sabe de onde vem nem para onde vai. A simples observação dessa característica dinâmica do vocabulário do Novo Testamento induz o teólogo a começar a pensar a Trindade a partir do movimento da vida, que é movimento interior ao ser vivo" (CATÃO, 2000, p. 76).

Os Três em Deus são uma só divindade, sem que as diferenças sejam anuladas. Deus Trino é unidade na distinção e distinção da unidade. Recorda Forte que "se esse amor é distinção, não menos ele é unidade: a história divina supera o distinto na infinita profundidade da comunhão trinitária" (FORTE, 1987, p. 109). Complementam Bingemer e Feller: "O Pai é sempre Pai porque tem o Filho eternamente voltado para si, dentro de seu seio (Jo 1,1-2.18), na comunhão eterna do Espírito Santo, o qual dá suporte para que Pai e Filho sejam tão distintos e ao mesmo tempo tão unidos" (BINGEMER & FELLER, 1986, p. 121). O amor, que é a realidade mais profunda da Trindade, é pericorético, ama o outro como a si mesmo. A partir dessa realidade intratrinitária podemos melhor entender o mandamento ágape de Jesus. Jesus, ao instituir o imperativo ético e teológico do amar o próximo como a si mesmo (cf. Mt 22,39), estava apontando para a imitação daquela lógica pericorética que existe entre as Pessoas da Trindade.

Jesus nos revelou esse mistério pericorético da Trindade através de sua vida de plena comunhão com Deus no Espírito Santo, bem como através de suas declarações, as quais exprimem de forma fiel o que foi sua vida de absoluta comunhão trinitária. "Eu e o Pai somos um" (Jo 10,30); "quem me vê, vê o Pai" (Jo 14,9). "Crede em mim: eu estou no Pai e o Pai em mim" (Jo 14,11). "Naquele dia sabereis que eu estou no Pai, vós em mim e eu em vós" (Jo 14,20). "Não estou sozinho, porque o Pai está comigo" (Jo 16,32). "Ninguém conhece o Filho senão o Pai, e ninguém conhece o Pai senão o Filho e aquele a quem o Filho quiser revelar" (Mt 11,27).

Essa comunhão de vida entre Jesus com Deus e com o Espírito Santo é desde sempre em Deus. O Pai é aquele que ama o Filho, que lhe entrega tudo (cf. Jo 3,35; 5,20; 13,3), enviou-o (cf. Jo 5,23; 6,44), confiou-lhe as obras a serem realizadas (cf. Jo 5,36; 10,29.37), com Ele trabalha (cf. Jo 5,17), dá-lhe os discípulos (cf. Jo 6,37), vive nele (cf. Jo 6,57), ensinou-lhe (Jo 8,28), não o abandona (cf. Jo 8,29), conhece-o (cf. Jo 10,15), santifica (cf. Jo 10,36) e o glorifica (cf. Jo 1,14), está nele (cf. Jo 10,38) e com Ele (cf. Jo 16,32), o que é do Pai é seu (cf. Jo 16,15). Vejam a profundidade desses verbos. Jesus, por sua vez, o chama de Pai, faz o que vê o Pai fazer (Jo 5,19); faz a vontade do Pai (cf. Jo 5,30); conhece o Pai (cf. Jo 10,15; 17,15); age em seu nome (cf. Jo 10,25); agradece ao Pai por tudo que dele recebe (cf. Jo 11,41).

Nessa realidade pericorética de Deus, o Espírito Santo, conforme entende a tradição teológica, é a própria união em Pessoa. "O Espírito Santo é aquele que supera a relação Eu-Tu (Pai-Filho) e introduz o Nós. Por isso o Espírito Santo é por excelência a união entre as Pessoas divinas; é a pessoa que revela para nós mais claramente a inter-relação eterna e essencial entre os divinos Três" (BOFF, 2011, p. 119). O Espírito, que é o vínculo do amor entre o Pai e o Filho, é a garantia da distinção e da unidade em Deus. O Espírito une e distingue, distingue sem separar.

12.3 Pericorese e a cultura do encontro

Ao falar da Santíssima Trindade não está em primeiro plano a especulação intelectual, mas o desejo de fazer a experiência desse mistério, deixar ser por Ele transformado. É nesta perspectiva que, à luz da pericorese divina, nos é permitido proferir umas palavras sobre as relações humanas.

A realidade pericorética de Deus remete a outra lógica, não dominante-dominado, mas amante-amado. É inevitável, portanto, e necessário trazer a reflexão da inabitação mútua das Pessoas divinas para a realidade dos dias de hoje, no intuito de nos deixar iluminar e se questionar sobre a qualidade e a saúde das relações humanas em todos os seus níveis.

A expressão cunhada pelo Papa Francisco, "cultura do encontro", é certamente a que melhor se aproxima da realidade pericorética de Deus. A "cultura do encontro" será sempre a meta e a vocação da humanidade, conforme entende o cristianismo e professa a fé cristã, que aguarda o dia em que Deus "será tudo em todos" (1Cor 15,28). No movimento pericorético divino está a mais profunda identidade e realização de cada ser, cuja vocação é não existir em si mesmo, ou seja, não estar fechado, impenetrável pelo outro, mas aberto à convivialidade, à união, ao amor. É esse o sonho de Jesus: "que todos sejam um como Tu, Pai, estás em mim e eu em ti, para que eles estejam em nós, e o mundo creia que tu me enviaste" (Jo 17,21).

Inúmeras questões, portanto, devem ser confrontadas com a realidade pericorética de Deus, e perceber que, se muitos passos já foram conquistados, muitos outros são o oposto da inabitação mútua entre as Pessoas da Trindade. Na tríade divina as Pessoas são definidas por suas relações de igualdade entre si, tão intensas e verdadeiras que faz dos Três um Único, enquanto que no mundo atual o poder e os bens ditam as normas de relacionamento entre os humanos e lhes conferem valor. A distância entre ricos e pobres, as desigualdades sociais, econômicas, ambientais não permitem uma coabitação justa, à luz da pericorese de Deus, entre os humanos. As desigualdades em todos os níveis estão tornando cada vez mais impossível a habitação de todos na mesma casa comum.

O que dizer da relação não pericorética entre ser humano e natureza, cuja relação tem sido de exploração, pautada pelo antropocentrismo devastador? Nesta perspectiva, o mundo foi agraciado com a profética encíclica papal *Laudato Si'*, cujo ponto central é a "ecologia integral", e por que não dizer ecologia pericorética, onde tudo está interligado. Poderíamos ainda falar da relação entre homem e mulher, a questão de gêneros, o diálogo inter-religioso, a convivência pacífica entre os diferentes credos e tantas outras realidades que muitas vezes estão longe da coabitação trinitária.

Pericorese é um mistério sempre atual e provocativo para a convivência planetária. A pericorese trinitária é e sempre será inspiração para novas relações humanas, ambientais, econômicas, culturais, fundamentadas na alteridade e no respeito ao diferente. Portanto, os pecados da xenofobia, do racismo, do sexismo, as ditaduras modernas e de tantas outras formas de totalitarismo são a negação da lei pericorética que habita o interior de todas as coisas.

12.4 Trindade, mistério de amor

Amor é a realidade que melhor nos permite entender a dimensão pericorética de Deus. Deus é amor! Eis a tradução mais perfeita do Deus de Jesus Cristo, já intuída pelas primeiras comunidades cristãs, conforme podemos ler na Carta de São João (cf. 1Jo 4,16). O amor aproxima o amado do amante, fazendo-os um só, como o próprio Jesus assim o revelou: "Eu e o Pai somos um" (Jo 10,30). A relação amorosa constitui a vida de Deus, ou seja, o amor é o nome próprio de Deus, e não apenas uma de suas características. Amor é Deus mesmo, é essa realidade dinâmica através da qual as Pessoas divinas existem amando-se. As Pessoas da Trindade não existem para depois se amarem, mas existem se amando. Em várias passagens bíblicas se pode constatar tal verdade: "O Pai ama o Filho" (Jo 3,35). "Como meu Pai me ama [...]" (Jo 15,9). "Me amaste antes da criação do mundo" (Jo 17,24). "Este é o meu Filho amado, nele está o meu agrado" (Mt 17,5).

É a partir da afirmação de que Deus é amor que melhor intuímos o mistério trinitário. Deus é amor porque é Trindade, e é Trindade porque é amor. Ao afirmar que Deus é amor, os autores da Igreja nascente e primitiva estão se referindo à comunhão trinitária, à íntima relação amorosa que constitui a vida intratrinitária. Professar que Deus é amor reforça a certeza de que o amor não é um conceito, mas uma realidade viva, dinâmica, movimento de vida e doação entre o Pai, o Filho e o Espírito Santo.

Um texto de Moltmann, cuja ideia de fundo apresenta o amor como autocomunicação do bem, ajuda-nos a melhor intuir o que significa dizer que a Trindade Santa é amor.

> Amor é autocomunicação do bem. Ele é a capacidade, inerente ao bem, de sair de si mesmo, de transferir-se para o outro ser, de participar do outro ser e de entregar-se por um outro ser. Se entendermos o amor como a autocomunicação apaixonada pelo bem, estará suficientemente caracterizado a sua clara distinção com respeito a paixões perturbadoras. O amor deseja viver e dar a vida. Ele se deseja abrir à liberdade e à vida. Por isso, o amor é autocomunicação do bem, sem a negação de si; a autoentrega do bem desconhece o autoaniquilamento. Aquele que ama está totalmente no outro, que é por ele amado; mas está no outro, conservando plenamente sua identidade. O desprendimento do amor consiste na autocomunicacão do amante, não em sua destruição própria (MOLTMANN, 2011, p. 70).

Os Três eternos estão tão intimamente interpenetrados que são um só Deus, mas nem por isso são eliminadas as distinções entre Eles. O amor não elimina as diferenças; ao contrário, as promove. O amor unifica, faz os amantes se tornarem um, sem anular o outro. O amor verdadeiro promove o amante, deixa que o outro seja; ele não uniformiza, não anula, renuncia à posse e ao domínio. Essa é a essência do Deus Trino, esse é o modo como se dão as relações intratrinitárias, bem como o modo como Deus se relaciona com a criação, no que diz respeito à sua autonomia.

Na comunhão trinitária, cada Pessoa divina está totalmente nas outras, sem com isso desaparecer ou ser anulada pelas outras duas. Tauler, discípulo do Mestre Eckhart, místico da Idade Média, sabiamente dizia que "ninguém entende melhor a verdadeira distinção do que aqueles que experimentaram a unidade; igualmente, ninguém conhecerá verdadeiramente a unidade se não conhecer também a distinção". Paulo Freire diz o mesmo com outras palavras: "ninguém é se impede que os outros sejam" (FREIRE,

1999, p. 15). Continua o mestre brasileiro da pedagogia: "somente chego a ser eu mesmo quando os outros chegam a ser eles próprios" (FREIRE, 1999, p. 104).

Amor é a essência de Deus e é, portanto, a chave de interpretação e o *modus vivendi* da existência humana, criada à imagem e semelhança da Trindade. Todo ato de amor é, consciente ou não, uma profissão de fé na Trindade Santa, assim como todo desamor e toda relação a-trinitária, marcada pela dominação, é um atentado contra Ela. Amor é a especificidade do cristianismo porque no centro da fé cristã está o eterno intercâmbio amoroso entre as Três Pessoas divinas.

Nessa mesma linha de pensamento, torna-se oportuno apresentar a riqueza da filosofia africana *ubuntu*, que trabalha os alicerces dos relacionamentos entre as pessoas. Uma possível tradução de *ubuntu* é "humanidade para com os outros". Na cultura *ubuntu* aflora a consciência da pertença mútua, de que "ninguém é uma ilha", de que "eu sou porque nós somos". No *ubuntu*, "sou o que sou pelo que nós somos". A humanidade de um está unida à humanidade do outro, daí os valores irrenunciáveis da acolhida, da generosidade, da partilha, dentre muitos outros. Percebe-se o grau de humanismo nessa filosofia de vida, pautada pela alteridade e pela comunhão de vida. O importante é que a pericorese do Deus nos faça perceber e descobrir novos caminhos de viver a vida de Deus que é amor (cf. "*Ubuntu* – 'Eu sou porque nós somos'". In: *Revista do Instituto Humanitas*, ano X, 353, 06/12/2010. Unisinos [Disponível em http://www.ihuonline.unisinos.br/media/pdf/IHUOnlineEdicao353.pdf]).

12.5 Trindade, mistério de unidade na distinção: a pluralidade em Deus

Deus é unidade na distinção, comunhão na alteridade. Se *substância, essência, natureza* foram os termos que a tradição cristã consagrou para designar a unidade divina, pessoa, por sua vez, foi a terminologia encontrada para designar a pluralidade em Deus, ou seja, a existência de Três Pessoas divinas em uma só divindade.

Deus é um só, mas isso não significa que não haja distinção de Pessoas. Deus é um, mas não sozinho. Bruno Forte com muita propriedade nos recorda que "o amor eterno é distinção: o amante não é o Amado; o Pai não é o Filho. Sem essa alteridade o amor divino seria solidão de infinito egoísmo" (FORTE, 1987, p. 106). Unidade e pluralidade em Deus não se contrapõem. A máxima unidade das pessoas coincide com a máxima distinção delas. Deus é amor, e o amor pressupõe o outro, o amor pressupõe a unidade e as relações. A unidade de Deus não anula no seu ser a diferença e a diversidade, mas a pressupõe. O modalismo, heresia dos primeiros séculos do cristianismo, já visto anteriormente, eliminava a existência de Pessoas em Deus, fazendo dos Três divinos mero modo de um único ser. Para o modalismo não há Pessoas na Trindade, eternamente relacionais. No modalismo, Deus é eternamente solitário. Portanto, se Deus é máxima unidade, não menos Ele é perfeita distinção de Pessoas divinas.

Para melhor entrar no mistério da pluralidade e da distinção em Deus, a teologia desenvolve os temas da geração do Filho, da espiração do Espírito, das relações e das propriedades de cada Pessoa da Trindade. É o que veremos a seguir.

12.6 As processões divinas: a geração do Filho e a espiração do Espírito

A reflexão sobre a unidade de Deus e a comunidade de Pessoas remete ao tema das processões divinas, isto é, o mistério das "origens" eternas das Pessoas divinas. Duas são as "origens": a processão e a espiração. Ambas são eternas e simultâneas, uma vez que no mistério das relações trinitárias não existe antes ou depois. Desde sempre o Pai gera o Filho e espira o Espírito Santo. O Pai é aquele que eternamente gera o Filho, que tem diante de si Alguém que é seu Tu, seu interlocutor, seu amado, sobre quem entrega todo o seu ser. "O Pai é sempre Pai porque tem o Filho eternamente voltado para si, dentro de seu seio (Jo 1,1-2.18), na comunhão eterna do Espírito Santo, o qual dá suporte para que Pai e Filho sejam tão distintos e ao mesmo tempo tão unidos" (BINGEMER & FELLER, 1986, p. 121). O Espírito Santo é eternamente o Amor que jorra do Pai e é derramado sobre o Filho.

O Pai é a fonte da divindade. Ele é o não gerado, é o "princípio sem princípio". O Pai não procede de nenhuma outra fonte divina; Ele é o Gerante. Assim esclarece Bruno Forte: "É essa manancialidade pura, é esse gratuito extravasar do amor amante, é essa originária difusividade do eterno amor que faz do Pai o Gerante, o Pai do Filho eterno: não é o seu amor um amor egoísta por si mesmo, cativeiro e prisão do eu; o seu amor é amor gerado, originante, fecundo [...]. A paternidade é a outra propriedade do amor do Pai, juntamente com o ser 'princípio sem princípio' [...]. E, no entanto, não gerou outro que o que Ele próprio é: Deus (gerou) Deus, a Luz (gerou) a Luz. Dele é, portanto, 'toda paternidade no céu e na terra' (Ef 3,15)" (FORTE, 1987, p. 95-96).

O Filho é eterno, consubstancial ao Pai, mas não é a fonte de si mesmo. Ele é gerado. O Pai transmite tudo ao Filho, menos a capacidade de ser fonte da divindade. É nesta perspectiva que a teologia chama de *geração* a origem eterna do Filho. O Pai é o princípio, a fonte, não cronológica, da Pessoa do Filho, que foi gerado da essência do Pai. A relação paterno-filial na vida íntima de Deus não teve um início e nem terá fim. A geração do Filho é um ato atemporal, ato de um eterno presente. Nunca houve um tempo em que o Filho não existia. O Filho é Filho por natureza.

O Espírito, assim como o Filho, é consubstancial ao Pai. Enquanto que a "origem" do Filho se chama geração, a do Espírito se chama espiração ou procedência. O amor do Pai que é pura gratuidade é amor eternamente fecundo, não fechado em si mesmo ou fechado no círculo dos Dois, mas extravasa para além do Filho. O Pai é também a fonte do Espírito Santo. São "origens" diferentes porque Filho e Espírito são Pessoas distintas. A questão foi, inclusive, motivo de divisão da Igreja oriental e ocidental, Igreja romana católica e Igreja ortodoxa católica, conforme já mencionado no capítulo dedicado à história do dogma trinitário. Na compreensão da teologia grega o Pai é a fonte e a causa suprema de toda divindade. O Pai gera o Filho e espira o Espírito. O Espírito procede do Pai pelo Filho. Já os latinos entendem que ao gerar o Filho o Pai lhe entrega o dom de espirar o Espírito juntamente com o Pai, por isso o Espírito procede do Pai e do Filho (*filioque*).

O Espírito não é Filho do Pai, é o Dom, é o Amor unificante entre o Pai e o Filho. "Saiu do Pai, sim, mas não como nascido, mas como Dom, e por isso não se pode dizer filho, já que não nasceu como o Unigênito e nem foi criado como nós, que nascemos para a adoção filial pela graça de Deus" (AGOSTINHO. *A Trindade* 5.15. Ao dizer que o Espírito procede do Pai e do Filho não significa que são dois os princípios, duas as causas do Espírito. Há um só princípio que espira a terceira Pessoa da Trindade, e esse princípio é a comunhão entre o Pai e o Filho. Assim como o Filho recebeu do Pai a mesma natureza divina, Ele a entrega ao Espírito junto com o Pai. Isso de modo algum significa subordinação do Espírito às outras duas Pessoas. Três textos de Ladaria mostram com clareza a impossibilidade de qualquer subordinação do Espírito Santo em relação ao Pai e ao Filho.

"Pai só é Pai no Espírito. O Espírito é o sopro de Deus, e sem esse sopro não pode haver Palavra. O Verbo sai do Pai levado pelo sopro. Por isso o Pai gera seu Filho no Espírito Santo" (LADARIA, 2009, p, 201). "O Espírito é, assim, o terceiro, porque nenhuma das Pessoas procede dele, ou porque nele culmina a profundidade do mistério divino. É a terceira pessoa no mistério divino como culminação e como profundidade. É o mistério no qual são o Pai e o Filho. O Espírito está no início, no Pai que gera, e também no término, no Filho que é gerado" (LADARIA, 2009, p. 203). "O Pai e o Filho estão unidos nesse dom que é o Espírito. O Espírito Santo tem a mesma dignidade que o Pai e o Filho, a relação das duas primeiras pessoas com Ele é tão importante quanto a que une o Pai e o Filho entre si. Não podemos pensar que a relação paterno-filial esteja perfeitamente realizada e aperfeiçoada sem a terceira pessoa. O Espírito não pode existir sem o Pai e o Filho, porém o Pai e o Filho também não podem ser tais sem o Espírito" (LADARIA, 2009, p. 216).

As Três Pessoas da Trindade são consubstanciais e coeternas, participam da única e mesma essência divina. Geração e espiração foram os termos encontrados para exprimir a eterna "origem sem origem" do Filho e do Espírito Santo. Esses mesmos termos apontam para o modo como os Três se relacionam e se distinguem entre si a partir de suas propriedades particulares. É o que veremos a seguir.

12.7 Pessoas, relações trinitárias e propriedades pessoais

Pai, Filho e Espírito Santo são da mesma essência divina, coeternos, coiguais. A essência é a mesma e única na divindade, indivisível, comum aos Três. Cada Pessoa é totalmente Deus porque participa da mesma e única essência divina, e ao mesmo tempo se diferenciam uns dos outros, não pela essência, mas pelas relações entre si e por suas propriedades particulares.

A distinção das Pessoas da Trindade não está na essência, que é a mesma na tríade divina, mas nas relações mútuas que elas estabelecem entre si e em suas propriedades pessoais. "Cada pessoa se determina e se distingue pela relação própria que estabelece para com as outras duas" (BOFF, 2011, p. 125). Pessoas e relações são, portanto, duas realidades inseparáveis que melhor nos aproximam do mistério de Três Pessoas divinas na unidade em Deus.

O que distingue os Três em Deus, ou, em outras palavras, o que fundamenta a existência de Três Pessoas na Trindade são as eternas relações existentes entre o Pai, o Filho e o Espírito Santo. As Pessoas são suas próprias relações. As Pessoas divinas não têm relações, como acontece em nós humanos que primeiramente existimos para depois entrarmos em relação com os outros. O mesmo não acontece com Deus, cujas relações são eternas. Ratzinger, em seu livro *Introdução ao cristianismo*, é certeiro na explicação: "A primeira pessoa não gera o Filho, como se o ato de gerar se acrescentasse à pessoa pronta; na verdade ela é o ato de gerar e de se entregar. Ela é idêntica ao ato de entrega. Ela só é pessoa com esse ato" (RATZINGER, 2005, p. 137). As Pessoas divinas são relações reais em si mesmas, a tripessoalidade em Deus é relacional; isso significa dizer que as relações trinitárias são essenciais em Deus, não acidentais ou contingenciais. Elas não são posteriores às Pessoas divinas, assim como a essência divina não é anterior nem posterior às suas relações. As Pessoas trinas são, existem e se diferenciam umas das outras nas relações entre si. Pai, Filho e Espírito Santo não são sujeitos autônomos, que posteriormente se unem em comunhão uns com os outros.

A Tríade divina é eterno intercâmbio de amor, existem nas relações de amor que reinam entre Eles. Pai é nome relativo, ou seja, remete eternamente à sua relação com o Filho. O Concílio de Toledo afirmou com maestria que "o Pai não pode ser conhecido sem o Filho, nem o Filho pode ser encontrado sem o Pai. A mesma relação [...] impede a separação [...]. Ninguém pode escutar algum desses nomes sem que, necessariamente, tenha de compreender também o outro". Pai, Filho e Espírito se exigem mutuamente desde toda a eternidade. Deus Pai não se converte em Pai, mas o é desde sempre na geração eterna do Filho. Com palavras mais simples, Deus Pai é realidade relacional, e não um título a Deus, ou algo que venha a ser acrescentado à sua essência. Ser Deus em sua essência e Pai na relação com o Filho se coincidem. "Se, por uma hipótese absurda, o Pai deixasse por um instante de se dar ao Filho, não só o Filho deixaria de existir, mas também o próprio Pai, já que este é Pai no ato mesmo de gerar o Filho. Por isso, falamos de Trindade e não simplesmente de 'triplicidade'; não existe em Deus quantidade, no sentido de soma ou sucessão, porque no mesmo ato coincidem dinamicamente a relação e a Pessoa" (CAMBÓN, 2000, p. 39).

Na Trindade quatro são as relações entre as Pessoas divinas: A) A relação de paternidade, ou seja, a relação do Pai para com o Filho. B) A relação de filiação, que é a relação do Filho para com o Pai. C) A relação de espiração ativa, isto é, a relação do Pai e do Filho para com o Espírito Santo. D) A relação de espiração passiva, que é a relação do Espírito para com o Pai e o Filho.

São essas relações eternas, portanto, que constituem as Pessoas santas e as diferenciam umas das outras. Pai, Filho e Espírito Santo têm tudo em comum, por isso são um só Deus, uma única divindade, menos o modo como se relacionam entre si a partir de suas propriedades particulares. "Tudo nelas é comum e é comunicado entre si, menos aquilo que é impossível de comunicar: o que as distingue umas das outras" (BOFF, 1986, p. 121-122). O modo como o Pai se relaciona com o Filho é diferente do modo como o Filho se relaciona com o Pai. O mesmo se deve dizer do Espírito Santo. O Pai e o Filho espiram o Espírito, por isso que a relação de espiração ativa é comum ao Pai e ao Filho. Sendo assim, Eles não se diferenciam entre si por essa relação de espiração, mas pela relação da paternidade e de filiação que eles mantêm entre si.

Enquanto que as relações são quatro, as propriedades pessoais são três: paternidade, filiação e procedência, pois três são as

Pessoas na Trindade. Propriedade, como o nome indica, é aquilo que é próprio, exclusivo de cada Pessoa da Trindade. Afirma o Concílio de Florença (1442): "Tudo o que o Pai tem, entregou-o ao seu Filho unigênito no ato de gerá-lo, menos o ser Pai" (*DS* 1.301). O mesmo vale para o Espírito Santo no tocante à sua procedência. Tudo no Espírito tem em comum com o Pai e o Filho, menos sua procedência. "Cada uma das Pessoas entrega tudo às outras (todas as perfeições), menos aquilo que é próprio e exclusivo dela e que por isso é incomunicável: No Pai, a paternidade; no Filho, a filiação; no Espírito Santo, a espiração passiva" (BOFF, 1986, p. 120). A propriedade pessoal do Pai é gerar eternamente o Filho (paternidade), somente o Pai é Pai. A propriedade do Filho é ser eternamente gerado pelo Pai (filiação), e a propriedade do Espírito é proceder eternamente do Pai e do Filho (procedência).

A conclusão a que se chega é que a unicidade de Deus se realiza no interior de uma profunda comunhão de relações trinitárias mútuas. As relações, longe de ser uma realidade periférica em Deus, são elas que constituem a forma peculiar de ser de cada Pessoa divina. Deus é Trindade de Pessoas porque são constitutivamente relações, os Três existem relacionando-se entre si. Pode-se então dizer que no princípio está a relação.

O tema das relações trinitárias precisa convergir para a busca de novo *ethos* humanístico em que as relações humanas sejam verdadeiramente ressignificadas. Não se pode aceitar como normal o poder e o ter substituírem o ser. Não se pode normatizar as pessoas serem definidas e valorizadas a partir dos bens que possuem, ou pela sua cor, raça, gênero.

Ainda nesta perspectiva, cabe uma palavra sobre o uso do termo pessoa aplicado aos três distintos em Deus. Muito já se discutiu sobre o tema. Na contemporaneidade foi K. Barth quem chamou a atenção para a dificuldade que o termo pessoa traz ao ser aplicado à Trindade, devido à evolução que tal termo teve na Modernidade, com ênfase na consciência e na liberdade. Ou seja, ao transpor o atual significado de pessoa para as Pessoas trinas pode-se incorrer no perigo de pensar que em Deus existem três centros de consciência, três vontades, três liberdades. Em Deus não há triplicidade de consciência, embora cada uma das Pessoas seja consciente. Foi o teólogo Rahner quem contribuiu para evitar esse perigo ao afirmar que a distinção dos Três em Deus se dá não a partir de três subjetividades. O ser consciente de cada uma das Três Pessoas divinas se dá a partir de uma consciência que é consubstancial aos Três. Cada Pessoa em Deus é consciente a seu modo a partir de uma única consciência. Cada Pessoa é consciente na comunhão com as outras Pessoas, vivendo nas outras e com as outras (cf. BOFF, 1986, p. 149-151).

Salvaguardada a diferença entre a teologia clássica e os modernos no tocante ao modo de entender a pessoa, queremos reafirmar a importância do uso de tal termo aos distintos Três em Deus, ainda que não seja o mais adequado. Obviamente não se trata de associar sem mais o conceito de pessoa humana à Pessoa divina, pois "devemos reconhecer que a profissão de fé num Deus que é pessoa na forma de três pessoas rompe com todo e qualquer conceito ingênuo e antropomorfo de pessoa. De uma maneira velada se afirma que a personalidade de Deus ultrapassa infinitamente a maneira de ser pessoa do ser humano" (RATZINGER, 2005, p. 134).

O que a teologia quer dizer quando afirma que Deus é pessoa é balbuciar sobre a incomensurável dimensão relacional (intercomunhão) que reina entre os Três divinos. "Pessoa em Deus significa relação. A relação não é algo que se acrescenta à pessoa, mas é a pessoa mesma" (RATZINGER, 2005, p. 182). O termo pessoa atribuído a Deus permanece pertinente e necessário por permitir sobressair a dimensão da relacionalidade divina, que por sua vez lança luzes para o ser humano cada vez melhor se autocompreender como ser de relações, vocacionado à comunhão. O ser pessoal em Deus só existe na profunda comunhão pericorética, repleta de relação e de entrega mútua. As Pessoas divinas são elas por meio das outras. À luz dessa verdade, a humanidade encontra uma perene e sempre atual oportunidade para recuperar a essência da pessoa humana. Pessoa humana é uma individualidade irredutível, mas marcada pelo estar aberta ao outro, aos outros. A personalidade, o ser pessoal de cada ser humano, vai se construindo nesse jogo de relações. "O tu é um outro eu, diverso, aberto ao eu do outro" (BOFF, 1988, p. 93). À medida que o ser humano deixar-se ser fecundado pelo modo de ser pessoa de Deus, estará se descobrindo e tornando-se consciente de sua mais profunda e original vocação e identidade.

12.8 Processões imanentes e as missões econômicas

A geração do Filho e a espiração do Espírito Santo na vida intratrinitária tem correspondência na economia da salvação (Trindade econômica) nas assim chamadas missões econômicas. Em outros termos, na missão do Filho (Encarnação) e na missão do Espírito (Pentecostes) podemos vislumbrar, ainda que de modo ofuscado, as "origens" eternas das Pessoas divinas. Através do envio que o Pai fez de seu Filho ao mundo, e do envio do Espírito Santo pelo Pai e pelo Filho na história da salvação em Pentecostes, intuímos que na realidade de Deus em si, na Trindade imanente, o Filho é desde sempre gerado pelo Pai, e o Espírito é eternamente espirado pelo Pai com a participação do Filho.

Por missões econômicas se entende os envios que o Pai faz do Filho e do Espírito na história da humanidade, ou seja, a encarnação do Verbo e o derramamento do Espírito, em Pentecostes. "As missões designam a presença da Pessoa divina na criatura;

trata-se, como dissemos, de uma autocomunicação de uma Pessoa a alguém criado" (BOFF, 1986, p. 123).

Pelo envio do Filho, o Verbo feito carne, Deus se aproxima da humanidade, se une pessoal e definitivamente à nossa humanidade[18]. Pelo envio do Espírito Santo, Deus derrame todo seu amor sobre toda a carne, sobre a história, sobre o mundo, faz do ser humano seu templo. Juntamente com o Filho, o Espírito Santo é o missionário do Pai, é Ele "o protagonista de toda a missão eclesial" (JOÃO PAULO II, 1988, n. 21). No envio do Filho e do Espírito Santo nos é revelada e concretizada a abertura de Deus para a humanidade, o transbordamento do amor trinitário na realidade humana. Deus é amor, no sentido mais profundo desse termo, e é próprio do amor se comunicar e amar o diferente de si, no caso, a criação. Os envios do Filho e do Espírito confirmam, portanto, essa verdade.

O envio do Filho é entendido inteiramente a partir do Pai. Ele não veio por si mesmo. Jesus tem consciência que suas ações se originam em Deus. Inúmeras são as palavras em que Jesus nos dá a conhecer sua origem divina. São as assim chamadas fórmulas de envio. Citemos algumas delas: "As palavras que eu vos digo, não as digo por mim mesmo. O Pai que habita em mim é que realiza suas obras" (Jo 14,10). "Embora eu dê testemunho de mim mesmo, meu testemunho é verdadeiro, pois sei de onde vim e para onde vou" (Jo 8,14); "Saí e venho de Deus. Não vim por mim mesmo" (Jo 8,42); "Aquele que me enviou é verdadeiro, e

---

18. "Jesus é o enviado do Pai. É o Filho que existe desde sempre no seio do Pai e que Deus, num gesto de amor, envia ao mundo. Como enviado do Pai, Jesus o torna presente no mundo, o 'representa'. Não pronuncia suas próprias palavras, mas as palavras que ouve do Pai; não realiza suas próprias obras, mas as de seu Pai; não cumpre sua própria vontade, mas a do Pai. Jesus não é senão a 'voz' e a 'mão' do Pai. Nas palavras de Jesus nos está falando o Pai; em suas ações o Pai nos está estendendo a sua mão. Este presente que Deus dá ao mundo enviando seu Filho é motivado apenas pelo amor" (PAGOLA, 2010, p. 542-543).

eu falo ao mundo o que dele ouvi. Quem me enviou está comigo. Não me deixou sozinho, pois faço sempre o que é do seu agrado" (Jo 8,26.29).

Outras fórmulas de envio, além das contidas no Evangelho de São João, podem ser encontradas em outros escritos sagrados do Novo Testamento. "Mas quando chegou a plenitude dos tempos, Deus enviou seu Filho, nascido de uma mulher e sob a Lei" (Gl 4,4). "O que era impossível para a Lei, enfraquecida por causa da carne, Deus o fez. Enviando seu próprio Filho em estado de solidariedade com a carne do pecado e, em vista do pecado, condenou o pecado na carne" (Rm 8,3).

A fórmula do envio do Espírito Santo encontramos, dentre outras passagens bíblicas, em Jo 16,13-15: "Quando vier o Espírito da verdade, ele vos guiará em toda verdade, porque não falará de si mesmo, mas do que ouvir, e vos anunciará as coisas futuras. Ele vos glorificará porque receberá do que é meu e vos anunciará". E em Gl 4,6: "Porque sois filhos, Deus enviou a nossos corações o Espírito de seu Filho que clama: 'Abbá, Pai'" (cf. Jo 15,26; 20,22).

Pelas missões econômicas nos é revelado o papel específico de cada Pessoa da Trindade no projeto da salvação. A ação da Trindade é sempre unitária, comunitária, mas ao mesmo tempo há o específico de cada Pessoa divina no plano da salvação. Somente o Filho assumiu a união hipostática, fazendo-se humano. Também as outras Pessoas do mistério trino participam desse processo: o Pai envia, o Espírito visita Maria e anuncia-lhe a graça da maternidade do Filho de Deus, no entanto, é próprio do Filho a encarnação. Leonardo Boff didaticamente explicita a missão específica de cada Pessoa da Trindade:

> Todas as ações *ad extra* (para fora da Trindade), dentro da criação, devem ser atribuídas às Três Pessoas divinas conjuntamente. Entretanto, a liturgia e a piedade atribuem, em razão de certa afinidade, a alguma Pessoa

ações que em si pertencem às Três. Assim se atribui ao Pai a criação, porque Ele é dentro da Trindade o gerador e inspirador (junto com o Filho); ao Filho se atribui a revelação porque Ele é na Trindade a expressão e revelação do Pai; atribui-se a Ele a redenção porque foi Ele quem se encarnou e nos libertou; atribui-se ao Espírito Santo a santificação porque Ele é chamado, por excelência, o Santo. Tais ações são apropriadas por esta ou aquela Pessoa, embora sejam comuns às Três (BOFF, 1986, p. 122).

12.9 Trindade e "Igreja em saída"

A Igreja tem sua origem nas missões econômicas da Trindade Santa, nos envios do Filho e do Espírito Santo. A Igreja vem da Trindade e caminha rumo à Trindade (*LG* 3). Bruno Forte, em seu livro sobre a Trindade desenvolve com a singularidade que lhe é própria essa mesma ideia. A Igreja "reflete a comunhão trinitária, una na diversidade, e ruma para a Trindade, na recapitulação final de todas as coisas em Cristo, para que Ele as entregue ao Pai na comunhão da glória" (FORTE, 1983, p. 9).

Dizer que a Igreja vem da Trindade e caminha rumo a Ela significa que a Igreja traz na sua gênese as marcas da comunhão, da igualdade, da participação, da diversidade na unidade. Afirmar que a Igreja nasce das missões trinitárias significa que ela é missionária por natureza, que ela existe para evangelizar (*GS*). Emblemática ficou a afirmação do Papa Francisco na *EG*: "Prefiro uma Igreja, acidentada, ferida e enlamada por ter saído pelas estradas, a uma Igreja enferma pelo fechamento e a comodidade de se agarrar às próprias seguranças" (*EG* 49). Ser uma Igreja em saída não é uma opção entre tantas outras para a vida da Igreja. Igreja em saída, Igreja de portas abertas, Igreja hospital de campanha, que ponha fim às alfândegas pastorais, é a única configuração eclesial e pastoral capaz de refletir a beleza da vida trinitária de Deus e a única que permite à Igreja ser coerente com sua identidade e sua origem que é sempre trinitária.

À medida que a Igreja for sempre mais redescobrindo sua vocação trinitária, que vem da Trindade e se destina a Ela, mais facilmente se dará a conversão estrutural e pastoral, e mais prontamente ela se configurará como Igreja Povo de Deus. Quando a configuração institucional e as relações eclesiais se distanciam da espiritualidade trinitária ela perde a razão de ser, pois estaria longe de sua identidade mais elementar.

O Concílio Vaticano II devolveu à Igreja sua dimensão carismática, trinitária, Igreja Povo de Deus, Igreja-comunhão estruturada a partir da variedade dos dons e carismas que o Espírito Santo infunde na totalidade da Igreja. Com isso, ela deixou de ser compreendida como sinônimo de hierarquia, tendência essa que marcou a Igreja desde a Idade Média até às vésperas do Concílio Vaticano II (cf. FORTE, 1987, p. 9), e que Ives Congar chamou de cristomonismo.

A categoria Povo de Deus, modo como a Igreja primitiva se compreendia, é certamente a que melhor permite à Igreja se estruturar a partir das dimensões trinitárias da unidade, comunhão, alteridade, diversidade. Com a Cristandade, tal categoria que era um conceito histórico-salvífico, povo da nova aliança, foi substituído pelo conceito jurídico-romano *populus*. O Concílio Vaticano II redescobriu a expressão Povo de Deus, que se tornou categoria central para entender a natureza da Igreja. *Lumen Gentium* dedicou todo o capítulo II para refletir sobre esse tema. Muito significativo é que o capítulo dedicado ao Povo de Deus antecede os outros capítulos sobre as vocações específicas, o que confirma a tese principal de que Igreja é comunhão de pessoas à luz da "Santíssima Trindade que é a melhor comunidade".

Pelo batismo todos os membros do Povo de Deus são iguais. Da realidade Igreja Povo de Deus nasce a eclesiologia de comunhão, igualmente tão bem acentuada pelo Concílio Vaticano II. Importa perceber que a configuração teológico-eclesial Povo de Deus e a eclesiologia de comunhão estão fundamentadas na Trindade e refletem a pericorese divina. Na Igreja Povo de Deus e na eclesiologia de comunhão há unidade na diversidade, comunhão na multiplicidade de dons e carismas. No dinamismo trinitário, é a única e mesma essência divina que faz os três serem um só Deus. Em perspectiva teológica e eclesiológica, é o batismo que faz todos sermos iguais na Igreja. O batismo é a essência da qual todos participamos e por isso formamos um só corpo, um só povo, uma só realidade, a partir da diversidade.

Os dois binômios eclesiológicos que mostraremos agora ajudam a entender melhor essa questão. A Igreja primitiva estava estruturada a partir de um modelo denominado por Congar *comunidade-carismas/ministérios*. Nesse modo de conceber a Igreja, os fiéis são concebidos a partir da igualdade fundamental que é o batismo e a partir do conjunto da comunidade. Outro modelo que entrou na Igreja ainda cedo foi o modelo *clero-leigo*. Nesse modelo, os fiéis são classificados a partir da oposição e da negação, ou seja, o leigo é o não clero, e o clero é o não leigo. Não é difícil perceber que a diferença fundamental entre os dois modelos eclesiológicos está no fato de que, enquanto o primeiro modelo concebe as pessoas a partir do que é comum a todos, portanto, da igual dignidade batismal de todo fiel, de onde emerge a valorização das diferenças, o segundo modelo enfatiza a oposição e a subordinação.

De acordo com Bruno Forte, "no binômio 'comunidade-carisma e ministérios' a *comunidade batismal* surge como realidade globalizante, no interior da qual os ministérios se situam como serviços em vista daquilo que toda a Igreja deve ser e fazer. Desse modo se torna mais clara a relação entre ministérios, ordenados ou não. Não há uma relação de superioridade de uns sobre os outros, mas de complementaridade na diversidade de serviço recíproco, na irredutível diferença" (FORTE, 1987, p. 35).

O primeiro paradigma eclesiológico, "comunidade, carismas e ministérios", aponta para a lógica da Trindade Santa, em que no centro não está nem o Pai, nem o Filho nem o Espírito Santo, mas a comunidade trinitária de iguais, a comunhão pericorética das Três Pessoas divinas. Assim como na Trindade há a circularidade de vida e de amor, promotora da igualdade e da unidade, na Igreja Povo de Deus "a ninguém é concedido o direito de ficar fora da dança da comunhão eclesial e social. Pessoas, movimentos, pastorais, ministérios, comunidades, espiritualidade alguma têm o direito de isolar-se, de excluir-se da dança da pastoral orgânica. Se todo isolamento pastoral, eclesial e estrutural é um atentado à Trindade e impede o ser comunidade, o centralismo também o é, por não permitir a dança da catolicidade da Igreja" (Reinert).

Como síntese do acima exposto, cabe uma palavra sobre a feliz expressão do Papa Francisco "Igreja em saída". Muitas inspirações brotam para a "Igreja em saída" a partir das relações pericoréticas entre os Três divinos e das missões econômicas do Filho e do Espírito Santo. A Trindade é o fundamento do chamado à "Igreja em saída". A Trindade Santa sai em duplo movimento: internamente cada Pessoa na vida intratrinitária sai eternamente e faz morada nas outras (pericorese), e externamente o Filho e o Espírito são enviados ao mundo. Essas "saídas" divinas, seja *ad intra* seja *ad extra*, são permanentes, e não um evento pontual. A encarnação do Filho não se limitou ao nascimento em Maria, mas a acompanhou durante todo seu ministério. O Filho viveu permanentemente mergulhado nas dores e nas esperanças de cada ser humano; viveu encarnado. A partir dessa verdade melhor se pode avançar no significado de outra expressa na pastoral, o "estado permanente de missão", proposto pela Conferência Episcopal de Aparecida.

Enfim, Igreja Povo de Deus, eclesiologia de comunhão, "Igreja em saída", "estado permanente em missão" estão fundadas numa espiritualidade trinitária, sem a qual não pode haver outras saídas missionárias. Toda renovação eclesial e pastoral requer que sejam embasadas na espiritualidade de comunhão; portanto, numa espiritualidade trinitária, em que as marcas da comunhão, da relação, do encontro, da alteridade animem todas as inovações. Se a Igreja nasce das missões trinitárias, então a primeira saída é para dentro, ou seja, volta ao primeiro amor, volta à sua essência trinitária, volta à comunhão, à inodalidade, às relações horizontais, a posturas kenóticas. A Igreja em sua missão evangelizadora anuncia Deus Trindade não somente pelo anúncio da Boa-nova, mas antes pela configuração eclesial comunional na profunda unidade na diversidade de dons, carismas e ministérios oriundos do batismo.

Conclusão

O mistério trinitário é o mistério central da fé cristã. Jesus Cristo, o Verbo eterno de Deus feito homem, é aquele que nos introduz na vida Una e Trina de Deus, vida plena de comunhão de Pessoas. Em Jesus Cristo a Trindade se revela à humanidade, dá a conhecer o dinamismo pericorético que constitui a vida íntima de Deus. Jesus revela o Pai, vive como verdadeiro Filho de Deus, chama-o de *Abbá*, expressão de sua singular relação filial. Jesus nos dá a conhecer que Deus tem um Filho, que é eterno, tão divino quanto o Pai. Jesus vive a relação filial-paternal na presença do Espírito, que é a união, o amor entre os Dois.

A partir da novidade trazida por Jesus, a fé cristã, sem abrir mão da tradição em que Jesus estava inserido, a qual professa incondicionalmente a fé no Deus único, crê que essa unicidade de Deus se realiza na mais profunda comunhão entre o Pai, o Filho e o Espírito Santo. Pela vida de Jesus experimentamos que Deus é mistério de unidade na diversidade, mistério de comunhão na diferença. Pelo Filho somos inseridos na relação paterno-filial. É na totalidade da vida de Jesus que emerge a revelação da Santíssima Trindade. Em cada gesto e em cada palavra de Jesus de Nazaré nos encontramos com o Deus comunhão de Pessoas divinas.

Na cruz a revelação alcança o grau de máxima densidade, de presença, de manifestação do amor que circula entre os Três divinos e que constitui a vida divina. A proposta do Reino é levada às últimas consequências na cruz. O Pai e o Espírito não foram meros espectadores da história da paixão. Jesus não esteve sozinho nesse momento de máxima entrega ao Reino de Deus. O Filho não foi um mártir solitário com Ele, o Pai e o Espírito sofreram a dor de sua paixão. O episódio da cruz é uma entrega plenamente trinitária. Na cruz de Jesus, a entrega de toda a Trindade atinge a máxima radicalidade. O Pai, ao ver o Filho sofrer, por conseguinte, participa do sofrimento da cruz, pois é impossível separar aquilo que essencialmente está unido. O Espírito, que acompanhou Jesus em toda a sua peregrinação, é ofertado ao Pai após as últimas palavras do Cristo e, com isso, Deus se faz próximo do sofrimento de todos os crucificados da história, pois se entregou junto com seu Filho.

O sofrimento divino na cruz revela a essência da Trindade que é o amor. O Deus Trindade, diferentemente dos deuses gregos, impassíveis, apáticos e alheios aos sofrimentos dos humanos, assume em si a história da vida humana, até mesmo a morte. Só um Deus amor é capaz de realizar tão grande gesto. Pai e Espírito, portanto, na cruz, não permaneceram distantes, mas vivenciaram a comunhão que é sua identidade. O silêncio do Pai não é ausência, mas presença de quem está em plena comunhão onde nada mais precisa ser dito, pois tudo já está claramente falado. A obediência do Filho ao projeto do Reino se dá na comunhão plena no Espírito que sustenta tal entrega radical.

A ressurreição, assim como cada momento da vida de Jesus, é também história trinitária. Em nenhum acontecimento na vida trinitária há uma vida paralela de alguma Pessoa divina. A tragédia da morte não é o fim da amorosa e relacional vida trina de Deus, mas novo nascimento, possibilidade plena de vida nova. O Filho foi morto por revelar um Deus que é amor; foi morto pelo ódio dos que queriam utilizar Deus para oprimir, mas o Amor é resgatado na ressurreição. A ressurreição confirma a vida de ressuscitado que Jesus viveu na sua atuação e pregação do Reino.

O crucificado, agora ressuscitado, traz à criação a novidade trinitária da vida nova e plena no Espírito, que se renova, se reinventa a partir da promessa e do cumprimento do envio do Espírito Santo. Na Trindade, o ressuscitado por Deus é aquele que envia o Espírito de Deus aos seus. Pelo Espírito Santo a mensagem de Cristo se atualiza, se renova, se torna atual e se abre às novas experiências. O Espírito, em plena comunhão com o Pai e o Filho, sustenta a humanidade no encontro com a vida nova. O Cristo, após a sua encarnação, paixão e ressurreição, leva consigo à eternidade a nossa humanidade, nossa corporeidade e as faz viver os plenos mistérios de Deus. O verdadeiro pescador de homens, a porta segura do aprisco, a videira plena de ramos, o semeador que colhe o bom fruto, o misericordioso Salvador, agora ressuscitado e glorificado, redime em si a humanidade, glorificando-a e eternizando-a.

Com a vida, morte e ressurreição de Jesus sabemos que a Trindade é o próprio amor personificado três vezes, constituindo uma única realidade divina. Trindade é amor-entrega. O que marcou sua vida foi o amor-entrega, amor-serviço, amor-lava-pés. O que originou sua morte foi o amor-fidelidade, amor-profetismo, amor-salvação; o que dinamizou sua ressurreição foi o amor-comunhão, amor-esperança, amor-perfeição. A essência do Amor-Trindade é a kênosis, o rebaixamento. O autoesvaziamento é a forma própria da Trindade ser e amar.

O amor trinitário kenótico e pericorético se expande gratuitamente na criação, pois Deus tudo cria por puro amor, retraindo-se para que as criaturas possam vir à existência. A Trindade deixa as suas marcas na criação, numa poderosa força amorosa e integradora, mostrando que tudo está intimamente interligado numa profunda comunhão, de tal forma que todas as formas de vida se interdependem.

Ao término dessas longas páginas de reflexão da revelação de Deus Trindade através da pessoa de Jesus Cristo, e após visitar o processo de sistematização da doutrina trinitária e buscar nela inspirações para uma nova sociedade, e perceber a distância entre o discurso humano sobre o mistério e o mistério de Deus em si, cabe apenas dizer "glória ao Pai, ao Filho e ao Espírito Santo. Amém!"

Referências

BINGEMER, M.C. & FELLER, V.G. *Deus Trindade*: a vida no coração do mundo. Valência/São Paulo: Siquem/Paulinas, 2002 [Coleção Livros Básicos de Teologia, n. 6].

BOFF, L. *A Santíssima Trindade é a melhor comunidade*. 12. ed. Petrópolis: Vozes, 2011.

_____. *Ecologia*: grito da terra, grito dos pobres. São Paulo: Ática, 2004.

_____. *A Trindade, a sociedade e a libertação*. 2. ed. Petrópolis: Vozes, 1986.

_____. *O rosto materno de Deus* – Ensaio interdisciplinar sobre o feminino e suas formas religiosas. Petrópolis: Vozes, 1979.

_____. *Paixão de Cristo, paixão do mundo*. Petrópolis: Vozes, 1977.

CAMBÓN, E. *Assim na terra como na Trindade*. São Paulo: Cidade Nova, 2000.

CANOBBIO, G. *Dio può soffrire?* Bréscia: Morcelliana, 2005.

CATÃO, F. *Trindade*: uma aventura teológica. São Paulo: Paulinas, 2000.

Catecismo da Igreja Católica. 3. ed. Petrópolis/São Paulo: Vozes/Paulinas/Loyola/Ave-Maria, 1993.

CELAM. *Texto conclusivo da V Conferência Geral do Episcopado Latino-Americano e do Caribe*. São Paulo: Paulus, 2007.

Concílio Vaticano II – Constituição Dogmática *Lumem Gentium*. São Paulo: Paulus, 1997.

CONGAR, I. *Revelação e experiência do Espírito*. São Paulo: Paulinas, 2005.

DENZINGER, H. & HÜNERMANN, P. *Compêndio dos símbolos, definições e declarações de fé e de moral*. São Paulo: Paulinas/Loyola, 2007.

DUPUIS, J. *Introdução à cristologia*. 4. ed. São Paulo: Loyola, 2012.

FORTE, B. *A essência do cristianismo*. Petrópolis: Vozes, 2003.

_____. *Trindade para ateus*. São Paulo: Paulinas, 1999.

_____. *Envolvidos no mistério da transfiguração* – Um itinerário para o jubileu. Coimbra: Gráfica Coimbra, 1996.

_____. *A teologia como companhia, memória e profecia* – Introdução ao sentido e ao método da teologia como história. São Paulo: Paulinas, 1991.

_____. *A Trindade como história* – Ensaio sobre o Deus cristão. São Paulo: Paulinas, 1987.

_____. *Jesus de Nazaré, história de Deus, Deus da história*: ensaio de uma cristologia como história. São Paulo: Paulinas, 1985.

_____. *A Igreja, ícone da Trindade*: breve eclesiologia. São Paulo: Loyola, 1983.

HENDRIKSEN, W. *Comentário do Novo Testamento*: exposição de Efésios e exposição de Filipenses. São Paulo: Cultura Cristã, 2004.

JOÃO PAULO II. *Carta encíclica* Fides et Ratio. São Paulo: Paulinas, 1998.

_____. *Carta encíclica* Dominum et vivificantem. São Paulo: Loyola, 1986.

KOUBETCH, V. *Da criação à parusia* – Linhas mestras da teologia cristã oriental. São Paulo: Paulinas, 2004.

LADARIA, L. *O Deus vivo e verdadeiro*. São Paulo: Loyola, 2005.

_____. *El Dios vivo y verdadero*. Salamanca: Secretariado Trinitario, 1998.

LIÉBAERT, J. *Os Padres da Igreja*. São Paulo: Loyola, 2000.

MEUNIER, B. *O nascimento dos dogmas*. São Paulo: Loyola, 2005.

MOLTMANN, J. *Cristo para nosotros hoy*. Madri: Trotta, 1997.

_____. *Deus na criação* – Doutrina ecológica da criação. Petrópolis: Vozes, 1993.

_____. *O caminho de Jesus Cristo* – Cristologia em dimensões messiânicas. Petrópolis: Vozes, 1993.

_____. *El Dios crucificado* – La cruz de Cristo como base y critica de toda teologia cristiana. Salamanca: Sígueme, 1975.

PAGOLA, J.A. *Jesus*: uma abordagem histórica. Coimbra: Gráfica de Coimbra, 2008.

PAPA FRANCISCO. *Laudato Si'* – Sobre o cuidado da nossa casa comum. São Paulo: Paulus, 2015 [Documentos do Magistério].

_____. Viagem a Lampedusa [homilia], 2013 [Disponível em http://www.vatican.va/content/francesco/pt/homilies/2013/documents/papa-francesco_20130708_omelia-lampedusa.html].

_____. *Exortação Apostólica* Evangelii Gaudium: *a alegria do Evangelho* – Sobre o anúncio do Evangelho no mundo atual. São Paulo: Paulus/Loyola, 2013.

QUEIRUGA, A.T. *Recuperar a criação* – Por uma religião humanizadora. 3. ed. São Paulo: Paulus, 2011.

_____. *Recuperar a salvação* – Por uma interpretação libertadora da experiência cristã. São Paulo: Paulus, 1999.

_____. *A revelação de Deus na realização humana*. São Paulo: Paulus, 1995.

_____. *Creio em Deus Pai* – O Deus de Jesus como afirmação plena do humano. São Paulo: Paulus, 1993.

RAHNER, K. *Escritos de Teología IV* – Escritos recientes. Madri: Taurus, 1962.

_____. "Advertencias sobre el tratado dogmático 'De Trinitate'". In: *Escritos de Telogía IV*. Madri: Taurus, 1961.

RATZINGER, J. *Introdução ao cristianismo*. São Paulo: Loyola, 2005.

RUBIO, A.G. *Evangelização e maturidade afetiva*. São Paulo: Paulinas, 2006.

_____. *Encontro com Jesus Cristo vivo*. São Paulo: Paulinas, 1994.

SANTOS, E. & XAVIER, D.J. "A descida do Deus Trindade – A kênosis da Trindade". In: *Revista de Cultura Teológica*, vol. 16, n. 62, jan.-mar./2008. São Paulo.

SCHILLEBEECKX, E. *Jesus*: a história de um vivente. São Paulo: Paulus, 2008.

_____. *Jesus en nuestra cultura*: mística, ética y política. Salamanca: Sigueme, 1987.

SESBOÜÉ, B. (dir.). *O Deus da salvação*. Tomo I. São Paulo: Loyola, 2002.

SOBRINO, J. *Cristologia a partir da América Latina* – Esboço a partir do seguimento do Jesus histórico. Petrópolis: Vozes, 1983.

SUSIN, L.C. *A criação de Deus*: Deus e a criação. 2. ed. São Paulo/Valência: Paulinas/Siquem, 2010.

_____. *Deus*: Pai, Filho e Espírito Santo. São Paulo: Paulinas, 2003.

TAVARES, S. *Trindade e criação*. Petrópolis: Vozes, 2007.

Índice

Apresentação à segunda edição da Coleção Iniciação à Teologia, 7

Prefácio, 11

Introdução, 13

Parte I, 17

1 A Trindade e o cristianismo, 19

    1.1 A vida cristã é trinitária ou não é cristã, 20

    1.2 Do esquecimento da Trindade à redescoberta do Deus comunhão, 22

    1.3 Riscos de um monoteísmo a-trinitário, 24

    1.4 Perspectiva relacional na reflexão teológica trinitária, 28

2 A revelação da Trindade na vida e na missão de Jesus, 30

    2.1 Jesus é o caminho para a Trindade, 32

    2.2 Na vida e missão de Jesus se dá a revelação de Deus Pai, 36

    2.3 Jesus revela-se como Filho, 39

    2.4 Somos filhos no Filho, 41

    2.5 Jesus e o Espírito Santo, 43

    2.6 A revelação da Trindade na encarnação e no batismo de Jesus, 46

    2.7 O batismo e a unção de Jesus, 49

3 Quem é o Espírito Santo?, 54

    3.1 A pessoalidade do Espírito Santo, 55

    3.2 O Espírito Santo e o feminino na Trindade, 58

3.3 Os textos ternários no Novo Testamento, 61

3.4 Traços trinitários de Deus no Antigo Testamento, 65

4 A revelação da Trindade na paixão de Jesus, 70

4.1 As entregas trinitárias na paixão do Filho, 71

4.2 A paixão do Filho e o sofrimento em Deus, 77

4.3 O grito do abandono de Jesus na cruz: na mais radical distância, a mais profunda comunhão, 81

4.4 O fecundo silêncio da solidariedade: a Trindade e o sofrimento humano, 84

4.5 Descer da cruz os crucificados, 86

5 A revelação da Trindade na ressurreição de Jesus, 90

5.1 Ressurreição, um evento trinitário, 91

5.2 Ressurreição e o derramamento do Espírito Santo, 95

5.3 Com a glorificação do Filho, a Trindade é "afetada", 98

Parte II, 103

6 Da Trindade revelada ao mistério do Deus em Si, 105

6.1 As duas dimensões do mistério trinitário: Trindade econômica e Trindade imanente, 106

6.2 "A Trindade econômica é a Trindade imanente, e vice-versa", 109

7 A kênosis da Trindade: o mistério do autoesvaziamento trinitário, 113

7.1 A kênosis na Trindade imanente, 114

7.2 A kênosis do Filho: a encarnação, 116

7.3 A kênosis do Pai: a criação, 119

7.3.1 A gratuidade da criação, 121

7.3.2 Kênosis de Deus na liberdade da criação, 124

7.3.3 Trindade e ecologia integral, 126

7.4 A kênosis do Espírito Santo: a inabitação, 131

7.5 O Deus kenótico diante da cultura da prosperidade, 134

8 O processo de construção dos dogmas trinitários, 137

8.1 Os principais passos rumo à elaboração dos dogmas cristológico-trinitários, 140

8.1.1 Os Padres Apostólicos e os apologistas, 140

8.2 A controvérsia ariana e o Concílio de Niceia, 148

9 A reflexão cristológico-trinitária de Niceia a Constantinopla, 152

9.1 As contribuições de Atanásio de Alexandria e Hilário de Poitiers, 153

9.2 Os Padres Capadócios, 159

9.3 O Concílio de Constantinopla, 167

10 Do pós-Constantinopla aos pensadores medievais, 170

10.1 As naturezas divina e humana da Pessoa do Verbo encarnado, 171

10.2 O Concílio de Calcedônia, 175

10.3 A relação do Filho com o Espírito Santo: o *Filioque*, 177

11 Os concílios medievais e a contribuição dos teólogos desse período, 181

11.1 Agostinho de Hipona, 182

11.2 Santo Tomás de Aquino, 186

11.3 Ricardo de São Vítor, 188

12 O mistério da unidade e da diversidade em Deus, 193

12.1 A unidade de Deus: a única essência divina, 194

12.2 Pericorese: a inabitação mútua entre os Três divinos, 197

12.3 Pericorese e a cultura do encontro, 201

12.4 Trindade, mistério de amor, 203

12.5 Trindade, mistério de unidade na distinção: a pluralidade em Deus, 205

12.6 As processões divinas: a geração do Filho e a espiração do Espírito, 206

12.7 Pessoas, relações trinitárias e propriedades pessoais, 209

12.8 Processões imanentes e as missões econômicas, 214

12.9 Trindade e "Igreja em saída", 217

Conclusão, 223

Referências, 227

COLEÇÃO INICIAÇÃO À TEOLOGIA

Coordenadores: Welder Lancieri Marchini e Francisco Morás

- *Teologia Moral: questões vitais*
  Antônio Moser
- *Liturgia*
  Frei Alberto Beckhäuser
- *Mariologia*
  Clodovis Boff
- *Bioética: do consenso ao bom-senso*
  Antônio Moser e André Marcelo M. Soares
- *Mariologia – Interpelações para a vida e para a fé*
  Lina Boff
- *Antropologia teológica – Salvação cristã: salvos de quê e para quê?*
  Alfonso García Rubio
- *A Bíblia – Elementos historiográficos e literários*
  Carlos Frederico Schlaepfer, Francisco Rodrigues Orofino e
  Isidoro Mazzarolo
- *Moral Fundamental*
  Frei Nilo Agostini
- *Direito Canônico – O povo de Deus e a vivência dos sacramentos*
  Ivo Müller, OFM
- *Estudar teologia – Iniciação e método*
  Henrique Cristiano José Matos
- *História da Igreja – Notas introdutórias*
  Ney de Souza
  Direito Canônico
  Pe. Mário Luiz Menezes Gonçalves
- *Trindade – Mistério de relação*
  João Fernandes Reinert
- *Teologia Fundamental*
  Donizete Xavier
- *Teologia Pastoral – A inteligência reflexa da ação evangelizadora*
  Agenor Brighenti
- *Moral Social*
  Fr. André Luiz Boccato de Almeida, OP

Jesus – A enciclopédia

O cristianismo tem em Jesus a figura emblemática de seu fundador, e, por mais que se discuta qual é o seu papel na origem do cristianismo, torna-se inegável a sua influência, sobretudo a dos evangelhos, na constituição grupal dos cristãos. Também é certo que os evangelhos não são textos históricos, por mais que tenham elementos históricos. Então, o que é possível afirmar sobre Jesus? Esta não é uma pergunta que se limita à cristologia ou à teologia cristã, mas faz do homem de Nazaré um objeto da história, seja ela em âmbito da história geral, seja a história da Palestina da época de Jesus.

Para a reconstrução dos textos bíblicos a obra *Jesus – A enciclopédia* faz uso de dois importantes instrumentos: a história e a exegese. Eles possibilitam um melhor e mais acertado entendimento dos textos bíblicos e, consequentemente, de sua interpretação. Justamente a história e a exegese possibilitam que essa obra dialogue com os vários textos de teologia espalhados pelo Brasil, sejam eles de graduação, sejam eles de pós. Estes podem contar com textos de autores já conhecidos do público brasileiro como Marie-Françoise Baslez, Christoph Theobald e Daniel Marguerat, entre outros.

Ao leitor não acadêmico ou de outras áreas, que não a teologia, essa obra, que conta com dezenas de autores, mostra-se um itinerário que percorre os textos bíblicos ou as situações vividas pelo cristianismo, de modo a oferecer leituras e perspectivas. Figuram entre os autores nomes conhecidos como André Comte-Sponville e Edgar Morin.

CULTURAL

Administração
Antropologia
Biografias
Comunicação
Dinâmicas e Jogos
Ecologia e Meio Ambiente
Educação e Pedagogia
Filosofia
História
Letras e Literatura
Obras de referência
Política
Psicologia
Saúde e Nutrição
Serviço Social e Trabalho
Sociologia

CATEQUÉTICO PASTORAL

Catequese
Geral
Crisma
Primeira Eucaristia

Pastoral
Geral
Sacramental
Familiar
Social
Ensino Religioso Escolar

TEOLÓGICO ESPIRITUAL

Biografias
Devocionários
Espiritualidade e Mística
Espiritualidade Mariana
Franciscanismo
Autoconhecimento
Liturgia
Obras de referência
Sagrada Escritura e Livros Apócrifos

Teologia
Bíblica
Histórica
Prática
Sistemática

REVISTAS

Concilium
Estudos Bíblicos
Grande Sinal
REB (Revista Eclesiástica Brasileira)

VOZES NOBILIS

Uma linha editorial especial, com importantes autores, alto valor agregado e qualidade superior.

VOZES DE BOLSO

Obras clássicas de Ciências Humanas em formato de bolso.

PRODUTOS SAZONAIS

Folhinha do Sagrado Coração de Jesus
Calendário de mesa do Sagrado Coração de Jesus
Agenda do Sagrado Coração de Jesus
Almanaque Santo Antônio
Agendinha
Diário Vozes
Meditações para o dia a dia
Encontro diário com Deus
Guia Litúrgico

CADASTRE-SE
www.vozes.com.br

EDITORA VOZES LTDA.
Rua Frei Luís, 100 – Centro – Cep 25689-900 – Petrópolis, RJ
Tel.: (24) 2233-9000 – Fax: (24) 2231-4676 – E-mail: vendas@vozes.com.br

UNIDADES NO BRASIL: Belo Horizonte, MG – Brasília, DF – Campinas, SP – Cuiabá, MT
Curitiba, PR – Fortaleza, CE – Goiânia, GO – Juiz de Fora, MG
Manaus, AM – Petrópolis, RJ – Porto Alegre, RS – Recife, PE – Rio de Janeiro, RJ
Salvador, BA – São Paulo, SP